AF591104

RAPPORT

DU CITOYEN THIERS,

PRÉCÉDÉ DE LA

PROPOSITION DU CITOYEN PROUDHON,

RELATIVE

A L'IMPÔT SUR LE REVENU,

et suivi

DE SON DISCOURS PRONONCÉ A L'ASSEMBLÉE NATIONALE

LE 31 JUILLET 1848.

(Conforme au *Moniteur universel.*)

PARIS.

GARNIER FRÈRES, LIBRAIRES,

215, PALAIS-NATIONAL ; 10, RUE RICHELIEU.

1848.

PROPOSITION

RELATIVE A L'IMPÔT SUR LE REVENU,

Présenté le 11 juillet 1848,

PAR LE CITOYEN PROUDHON.

ENVOYÉE AU COMITÉ DES FINANCES.

Considérant que l'impôt sur le revenu a été l'objet constant des efforts du fisc, mais que ces efforts sont demeurés jusqu'à ce jour impuissants ;

Considérant que l'établissement de cet impôt, irréprochable dans sa moralité, admis en principe par tous les économistes et hommes d'État, est dans le vœu de la révolution de février et dans le devoir de son gouvernement ;

Considérant qu'en présence des charges qui pèsent sur le travail, la franchise du revenu serait une injustice qu'il importe de faire au plus tôt disparaître ;

Considérant que la meilleure manière d'établir la perception de cet impôt est d'y intéresser directement, par forme d'allocation, crédit ou participation, les fermiers, locataires, débiteurs, commandités, contribuables, tous ceux, en un mot, qui ont charge de redevance envers le capital et la propriété ;

Considérant que, dans ce système, l'impôt sur le revenu est intimement lié à l'organisation du crédit public ;

Considérant qu'au moyen de la taxe sur le revenu, la société, agissant par le ministère de l'État, a le moyen, comme le droit, d'organiser en elle-même le crédit et la circulation, et par suite de régulariser et réduire le taux des usures et le profit des capitaux;

Considérant en outre que le produit de ce nouvel impôt, produit qu'on ne saurait évaluer à moins de 1,500 millions par année, permet de supprimer ou réduire notablement les autres impôts, surtout les impôts de consommation et somptuaires, les plus odieux de tous;

Considérant que l'impôt sur le revenu est d'autant plus juste et plus efficace, que sa généralité implique nécessairement compensation, et qu'ainsi les intérêts des propriétaires, capitalistes, rentiers, fonctionnaires publics, possesseurs de privilèges, se trouvent conciliés avec ceux des locataires, fermiers, etc., et avec ceux de l'État;

Vu l'urgence,

L'Assemblée nationale décrète:

Art. 1er. A partir du 15 juillet 1848, un impôt du tiers est établi sur tous revenus de biens meubles et immeubles, compris dans les catégories ci-après désignées.

La perception de cet impôt est confiée à la diligence des fermiers, locataires, débiteurs hypothécaires et chirographaires, etc., en la forme, aux conditions, et sous bénéfice des prorogations suivantes.

Art. 2. A dater du 15 juillet 1848, il sera fait remise, par tous propriétaires de maisons, sur le prix de leurs loyers, du tiers des termes échus et à échoir, savoir: un 6e pour le locataire et un 6e pour l'État.

Indépendamment de cette réduction, le payement des sommes à payer sera prorogé de trois mois, et réparti par tiers sur les termes suivants, à partir du 15 octobre prochain.

Les baux seront prorogés de trois ans, à la convenance des locataires, les autres clauses des contrats devant sortir leur plein et entier effet.

Art. 3. A dater de la même époque, il sera fait remise par tous propriétaires de fonds et autres immeubles, du tiers de leurs locations et fermages, savoir: un 6e pour les fermiers, et un 6e pour l'État.

Le payement du fermage de l'année courante sera prorogé de six mois, et le terme des baux de trois années, à la convenance des fermiers.

Art. 4. A dater du même jour, 15 juillet 1848, il sera fait remise par tous créanciers hypothécaires, chirographaires et porteurs d'actions, du tiers de leurs intérêts échus, savoir : un 6e pour les débiteurs et commandités, et un 6e pour l'État.

Le remboursement des créances et obligations est prorogé, à la convenance des débiteurs, de trois ans.

Art. 5. Les locataires, fermiers, sociétés en commandite, etc., qui voudront jouir de la réduction que leur accorde le présent décret, sont invités à faire leur déclaration aux bureaux des percepteurs, et à produire à l'appui leurs baux, contrats et obligations, afin qu'inscription en soit faite aux rôles des contributions.

Toute réticence ou collusion commise par les créanciers et débiteurs, au préjudice du trésor, sera punie comme stellionat.

Art. 6. La réduction sera opérée par les locataires, fermiers et débiteurs sur chaque terme échu de leurs obligations, et le sixième revenant à l'État, versé par eux au receveur des contributions, qui donnera quittance.

Art. 7. Il sera retenu aux rentiers de l'État, sur chaque trimestre à échoir depuis le 15 juillet 1848, un tiers de leur rente.

Art. 8. Tous traitements, salaires, allocations, pensions et indemnités payés par l'État, pour l'exercice de fonctions publiques, seront réduits suivant l'échelle de proportion ci-après.

De 2 fr. à 3 fr. par jour. . . . . 5 p. 100.
De 3 fr. à 4 fr. 6
De 4 fr. à 5 fr. 7
De 5 fr. à 7 fr. 8
De 7 fr. à 10 fr. 10

De 10 fr. à 15 fr. 15
De 15 fr. à 25 fr. 20
De 25 fr. à 40 fr. 30
De 40 fr. et au-dessus. 50

Art. 9. Tout cumul de traitements et d'emplois est interdit, lorsque la somme des traitements réunis dépasse par an 2,000 fr.

Art. 10. Le tarif des offices ministériels, greffiers, avoués, huissiers, notaires, commissaires-priseurs, courtiers, agents de change, etc., est réduit de 30 pour 100.

Art. 11. L'impôt foncier de 45 c. et celui sur les créances hypothécaires, sont abolis.

Il ne sera pas donné suite au projet d'impôt progressif sur les successions.

L'impôt du sel est réduit au taux de 50 pour 100 du prix de fabrication.

L'impôt sur les boissons et sur la viande sera ramené à une forme unique, et réduit au dixième de la valeur.

Les patentes sont réduites de 30 pour 100.

Les droits de navigation sur les fleuves, rivières et canaux, sont réduits à deux catégories, savoir:

Marchandises, 3 centimes par tonneau de 1,000 kilogrammes et par myriamètre;

Houilles, terres, pierres, minerais, briques, foin, paille, blé, etc., un centime par tonne et par myriamètre.

Le tarif des douanes sera réformé sur le même principe, et réduit dans des proportions analogues.

Art. 12. Il sera pourvu par le gouvernement, dans le plus bref délai, au moyen des fonds que l'impôt sur le revenu rendra disponibles, à l'organisation immédiate de comptoirs d'escompte dans les arrondissements; à la création de banques agricoles et industrielles, ainsi qu'au recensement des propriétés, de manière à placer à l'avenir le crédit, la circulation et l'escompte, à l'abri de toutes crises, et à fixer peu à peu, à leur taux normal, l'intérêt des capitaux, le revenu des propriétés, et conséquemment la bonification à faire désormais aux locataires et fermiers, et à l'Etat.

Art. 13. Pour favoriser, autant que possible, la reprise du travail, et ranimer les affaires, le gouvernement, fort de ses ressources, sûr de ses moyens, garantit à tous entrepreneurs, fabricants, constructeurs et chefs d'ateliers, le placement de leurs produits, sous déduction de 10 pour 100 du prix de revient, jusqu'à concurrence d'une quantité égale à celle qu'ils auraient pu fournir dans les deux mois qui ont précédé le 24 février.

Art. 14. Toutes dettes hypothécaires, obligations, actions de commandite, contractées ou émises postérieurement au 15 juillet 1848, ne seront point sujettes à l'impôt sur le revenu.

Les constructions et plantations nouvelles seront pareillement franches de l'impôt pendant les cinq premières années de leur mise en valeur.

RAPPORT

FAIT AU NOM DU COMITÉ DES FINANCES,

SUR LA PROPOSITION

DU CITOYEN PROUDHON

RELATIVE

A LA RÉORGANISATION DE L'IMPÔT ET DU CRÉDIT,

PAR LE CITOYEN THIERS.

(Séance du 26 juillet 1848.)

CITOYENS REPRÉSENTANTS,

Le comité des finances, dont j'ai l'honneur de faire partie, m'a chargé de vous présenter son rapport sur la proposition du citoyen Proudhon, qui consiste à s'emparer du tiers des fermages, des loyers, des intérêts des capitaux, dans un double but d'impôt et de crédit.

Après avoir mûrement examiné cette proposition, votre comité des finances a décidé qu'elle ne devait pas être prise en considération. Il l'a décidé à l'unanimité.

Je dois d'abord vous faire connaître les principales dispositions du projet soumis à votre examen.

D'après ce projet, les fermiers et les locataires seraient dispensés de payer le tiers des termes échus ou à échoir de leurs fermages et de leurs loyers. Les débiteurs de créances hypothécaires ou chirographaires seraient également dispensés d'acquitter le tiers des intérêts auxquels ils sont obligés par leurs contrats. L'État, à son tour, serait dispensé de servir le tiers des rentes inscrites au grand-livre. Il n'acquitterait qu'une partie des pensions ou salaires dus par lui, en suivant dans cette réduction une progression qui s'élèverait depuis 5 jusqu'à 50 pour 100. Même disposition aurait lieu pour les actions industrielles, au détriment des porteurs d'actions, au profit de ceux qui en doivent les dividendes.

Le tiers des sommes retenues serait divisé en deux sixièmes, dont l'un serait abandonné aux locataires, fermiers, débiteurs de tout genre, à titre de crédit que s'accorderaient entre elles les diverses classes de citoyens; l'autre serait versé dans les caisses de l'État, à titre d'impôt sur le revenu.

L'auteur du projet évalue à 1,500 millions la part qui serait abandonnée aux locataires, fermiers, débiteurs, à 1,500 millions la part qui reviendrait à l'État, ce qui porte à un total de 3 milliards par an le sacrifice demandé à la propriété mobilière et immobilière pour ce système combiné de crédit et d'impôt.

Au moyen de cette double ressource fournie aux particuliers et à l'État, il arriverait, suivant l'auteur, premièrement, que les particuliers dispensés de payer pour loyers, fermages, intérêts de capitaux un sixième de ce qu'ils doivent, auraient à leur disposition une somme de 1,500 millions, laquelle serait dans leurs mains un capital vivifiant qui ranimerait l'industrie et le commerce, et ferait partout renaître le travail. En même temps, leurs frais de production étant devenus moindres, ils pourraient livrer leurs produits à un plus bas prix, et les propriétaires de terres, maisons, créances, rentes, actions, retrouveraient en bon marché l'équivalent de ce qu'ils auraient perdu en revenus.

A ce premier résultat en succéderait immédiatement un second non moins important. L'État, percevant l'autre sixième, recevrait une somme de 1,500 millions, équivalant à peu près aux recettes actuelles du budget. Il serait dès lors mis en mesure de diminuer ou de supprimer certains impôts, de créer de grands établissements de crédit; de fournir de vastes secours à l'industrie. Il pourrait, par exemple, abandonner l'impôt des 45 centimes qui est aujourd'hui en recouvrement, les deux impôts sur les hypothèques et sur les successions qui ne sont qu'en projet; il pourrait remettre aux patentables 30 pour 100 de leur patente, diminuer dans une large proportion les impôts sur le sel, sur la viande, sur les boissons, ainsi que les droits de navigation sur les canaux et rivières. Après tous ces soulagements procurés aux contribuables, il resterait encore des ressources suffisantes pour les objets suivants: création de comptoirs d'escompte dans les arrondissements, établissement de banques agricoles et industrielles, et surtout garantie donnée à tous les entrepreneurs, fabricants, constructeurs, chefs d'ateliers quelconques, du placement de leurs produits, dans une proportion égale à ce qu'ils fabriquaient au moment où la Révolution du 24 février est venue les saisir.

Ainsi, moyennant un sacrifice du tiers de leur revenu, demandé à tous les propriétaires, on aurait ranimé le crédit par une réciprocité de bons offices; on aurait fourni à l'État le moyen de diminuer ou de supprimer les impôts les plus onéreux, de créer les grands établissements de crédit auxquels certains esprits attachent aujourd'hui le développement illimité du travail, et de donner enfin à l'industrie le signal d'une reprise générale de ses travaux par la garantie du placement de ses produits.

Je crois n'avoir omis aucun des avantages annoncés par l'auteur de ce système. Pour en compléter l'exposition, je dois dire que l'auteur accorde en outre aux locataires, fermiers, débiteurs de tout genre, des termes de trois mois ou de six mois pour l'acquittement des deux tiers dont ils restent chargés: de plus, la faculté de prolonger de trois ans, et à leur convenance, la durée de leurs baux; de différer de trois ans, et toujours à leur convenance, l'acquittement de leurs créances.

Enfin, prévoyant qu'à l'avenir les capitaux qui auraient à se placer pourraient exiger un tiers de plus d'intérêt, pour se soustraire aux nouvelles prescriptions de la loi, ce qui ferait aboutir le système à une élévation d'intérêt, l'auteur a ajouté que toute créance contractée postérieurement au 15 juillet 1848 ne serait point soumise au nouveau système d'impôt sur le revenu.

Tel est, dans son entier, le projet qui a été discuté plusieurs jours de suite dans le sein de votre comité des finances.

Après en avoir exposé les dispositions, je dois l'apprécier sous ses divers rapports, financiers, moraux et politiques. C'est ce que je vais faire dans les termes que votre comité m'a prescrit d'employer.

Ce projet s'était déjà produit hors de cette enceinte, dans une feuille quotidienne aujourd'hui suspendue. L'intention de l'auteur ne s'était nullement dissimulée lors de cette première expression de sa pensée : c'était, quant au fond, une atteinte directe et avouée à la propriété ; car, disait-il, *la rente de la terre est un privilége gratuit qu'il appartient à la société de révoquer*; c'était, quant à la forme, une pétition facticuse; car disait-il encore, elle devait vous être présentée, *non comme une supplique*, *mais comme un ordre.* Le pouvoir exécutif, chargé d'appliquer les lois répressives aux délits contre l'ordre public, ayant usé des droits que lui confère l'état de siége pour suspendre le journal qui contenait cette proposition, l'auteur se servant de son initiative comme membre de l'Assemblée nationale, vous l'a présentée sous la forme d'un projet financier. C'est à ce titre que votre comité a dû en être saisi.

On s'attendait à voir l'auteur appuyer sa proposition sur les seules raisons qui peuvent lui mériter quelque attention, c'est-à-dire sur la négation du droit de propriété, négation devenue malheureusement la doctrine de quelques esprits, égarés ou pervers, qui cherchent la célébrité ou la puissance à travers les ruines de l'ordre social. Il n'en a rien été. L'auteur a soutenu qu'il n'entendait nullement attaquer le principe de la propriété (principe que, du reste, il se réservait d'attaquer plus tard, et dans une autre occasion); il a soutenu qu'il voulait, au contraire, apporter secours à la propriété elle-même, en lui demandant un sacrifice momentané, au moyen duquel on relèverait le crédit privé et public, et rouvrirait toutes les sources de la production.

La question ainsi posée, la proposition perdait toute sa gravité; car, il faut le dire, à titre de conception financière, elle ne mérite pas qu'on s'y arrête.

Votre comité a fort regretté qu'on abandonnât ainsi le véritable terrain sur lequel cette proposition aurait dû être débattue. Il aurait souhaité, et vous partagerez sans doute ce vœu, que les doctrines anti-sociales au moyen desquelles on soulève une multitude aveuglée, au moyen desquelles on la pousse à verser le sang des citoyens, à tourner contre la patrie des forces qui devraient être réservées contre ses seuls ennemis, que ces doctrines funestes fussent portées hardiment à cette tribune et soumises à l'épreuve d'une discussion solennelle. Les grands principes de la famille, de la propriété, sur lesquels repose l'ordre social, ne sont pas de ces vieux priviléges qui n'ont d'autre force que le temps ou le silence dont on les entoure; ce sont des principes sacrés, indestructibles, qu'aucune logique humaine, quelque audacieuse qu'elle soit, ne saurait renverser, et qui peuvent être discutés au grand jour. Il importe même qu'ils le soient, et que la discussion raffermisse tout ce qu'elle a ébranlé. On a droit de demander à ceux qui, hors de cette enceinte, se montrent si hardis à nier tous les principes sociaux, de conserver devant vous un peu de cette hardiesse, et de vous apporter à vous-mêmes les doctrines qu'ils réservent pour une multitude trop facile à tromper.

Mais cet appel à la discussion ne doit point être un

piége. En sommant toutes les doctrines anti-sociales de se produire, ce ne doit pas être pour les étouffer sous des cris de réprobation, c'est pour les entendre gravement, froidement, y répondre de même, en laissant ensuite à la raison éclairée le soin de prononcer. Il ne faut pas que les Érostrâtes du temps puissent se croire des Galilées, en disant qu'on les a condamnés sans les entendre et sans les comprendre. Mais aussi il faut qu'ils parlent, qu'ils viennent à ce souverain tribunal, où toute assertion hasardée, toute allégation fausse, tout calcul inexact, toute calomnie, trouvent une rectification immédiate et péremptoire. Nous espérons que cette solennelle épreuve ne manquera pas aux grandes vérités morales sur lesquelles reposent la sécurité et la prospérité du pays, l'avenir de la République, le salut même de la civilisation.

Le projet sur lequel je suis chargé de vous présenter un rapport, ayant, par la nouvelle interprétation qu'en a donnée son auteur, perdu son vrai caractère, ne mérite pas, à titre de conception financière, un long examen. Quelques mots suffiront pour vous le faire apprécier.

Je viens, messieurs, de vous en exposer les dispositions essentielles. Les fermiers, les locataires, les débiteurs de créances quelconques, seraient déchargés d'un tiers des fermages, loyers, intérêts de capitaux prêtés; une moitié de ce tiers, c'est-à-dire un sixième, leur appartiendrait, un sixième serait versé à l'État. Cette disposition n'étant plus ce qu'elle était dans le projet primitif, c'est-à-dire une réduction de la rente de la terre, ou de l'intérêt des capitaux, ne peut plus se comprendre dans un système d'impôts; car c'est une moitié du produit abandonnée, non à des percepteurs, ce qui, dans tous les cas, serait exorbitant, mais à des dépositaires qui n'ont d'autre service à rendre que celui de verser les fonds dont ils sont les débiteurs, dans une main plutôt que dans une autre. Dès lors, ce prélèvement à leur profit ne saurait avoir qu'un sens, celui d'une récompense accordée à la dénonciation. En effet, beaucoup de ces fermages, loyers, intérêts de capitaux, dus à divers propriétaires, sous des formes infiniment variées, souvent dissimulés au moyen d'actes sous seing privé, difficilement saisissables par la loi, même la mieux rédigée, échapperaient à l'impôt dont on veut les frapper, si celui qui les doit ne venait, dans l'espoir d'en retenir la moitié, en dénoncer l'existence à l'État. On encourage donc à une odieuse révélation les débiteurs de tout genre. — Révélez, leur dit-on, ce que vous devez; la moitié sera pour le trésor, la moitié pour vous.

On a donc à choisir entre une attaque avouée à la propriété, ou une provocation immorale à la révélation de toutes les natures de contrat existant entre les citoyens. Violation de la propriété, ou prime à la délation, telles sont les qualifications que votre Comité croit devoir infliger à la principale des dispositions de ce projet. L'auteur, du reste, les a provoquées lui-même, soit dans son premier projet, soit dans le second; car il a dit dans le premier, que la rente de la terre était *un privilége gratuit que la société avait droit de révoquer*; et dans le second, que, pour assurer la perception *de l'impôt, il fallait y intéresser directement les fermiers, locataires, débiteurs, commandités*, etc.

Pour justifier cet étrange abandon d'une partie des produits de l'impôt aux détenteurs momentanés de sa valeur, l'auteur du projet présente cette combinaison comme un système d'impôt et de crédit tout à la fois, de *crédit réciproque*, que les citoyens s'accorderaient les uns aux autres. Après beaucoup de temps consacré à l'entendre lui-même, s'expliquant en toute liberté, et écouté avec une extrême attention, nous avons eu de la peine à comprendre sa pensée, et il nous devient dès lors difficile de la faire comprendre aux autres. Nous allons toutefois essayer de vous l'exposer, autant que nous avons pu la saisir.

Le mouvement social, nous a dit le citoyen Proudhon, s'est arrêté depuis le 24 février, faute de crédit. Le capital se refuse au travail. En forçant le capital à se donner, puisqu'il ne veut pas se prêter, le mouvement se rétablira. Le propriétaire de terres, de maisons, de créances, en abandonnant une partie de ce qui lui est dû, au fermier, au locataire, au débiteur, les mettra tous en état de produire. Ce sera une avance qu'il leur fera, et cette avance sera en quelque sorte réciproque, car chacun dans la société est tour à tour débiteur et créancier, locataire et propriétaire. On ne recevra pas tout ce qu'on attendait, mais on ne payera pas non plus tout ce qu'on devait. Il y a plus, le débiteur de fermages, de loyers, d'intérêts, payant un sixième de moins, pourra donner ses produits à meilleur marché, et le propriétaire, le créancier, frustré en apparence d'une partie de ses revenus, retrouvera dans le bas prix de toutes choses le dédommagement du sacrifice qu'il aurait fait.

En définitive, personne n'aura perdu. Cette mesure aura commencé par une atténuation du loyer des capitaux mobiliers et immobiliers, et fini par une atténuation du prix de tous les produits de la terre et de l'industrie. Ce sera une avance que le capital aura faite au travail, et que le travail lui rendra en bon marché.

Je fais effort, messieurs, pour rendre spécieuses ces pensées étranges, et pour les rendre un instant acceptables, afin de pouvoir les discuter. Admettons cependant, et supposons en effet, ce qui est impossible, que cette prétendue réciprocité de sacrifices pût se réaliser d'une manière complète, que tous les possesseurs de terres ou maisons, prêteurs de capitaux quelconques, pussent être amenés à faire un sacrifice égal, et que les producteurs de tout genre, cultivateurs, fabricants, commerçants, etc., diminuassent d'une quantité proportionnelle le prix des produits de leur travail; supposons ce phénomène impossible d'une équilibration parfaite : qu'en résulterait-il? c'est que personne n'aurait rien perdu, mais que personne aussi n'aurait rien gagné.

Un fermier dont on réduirait le fermage, mais qu'on obligerait en même temps à réduire le prix du blé d'une somme proportionnelle; le marchand établi dans un magasin dont on réduirait le loyer, en l'obligeant de vendre à l'instant même ses marchandises d'une somme proportionnellement inférieure, n'auraient pas fait un grand bénéfice. Ce serait comme si, par un coup de baguette magique, on avait diminué toutes les valeurs à la fois, valeur des terres, des maisons, de l'argent, des aliments, des vêtements, de tout enfin : on aurait ainsi changé les quantités qui servent à exprimer la valeur des choses sans augmenter ces mêmes choses, dont l'abondance fait seule la prospérité et le bien-être des nations.

Permettez-nous un exemple. Tout coûte moins cher en France qu'en Angleterre, en Allemagne qu'en France : en concluerez-vous qu'on est plus riche en Allemagne qu'en France, en France qu'en Angleterre? Il n'en est rien cependant. Ce n'est pas par l'élévation ou la diminution nominale des valeurs qu'on juge du bien-être des pays. Celui qui a le plus de toutes choses, en meilleure qualité, en plus grande abondance; celui où grands et petits sont mieux logés, mieux nourris, où le peuple mange les aliments les plus sains, les plus substantiels, est celui qu'on suppose le plus prospère. On se tromperait fort si on voulait juger de la prospérité des nations par le bas prix des choses, car moins elles sont riches, moins les objets y sont chers. Allez de France en Espagne, d'Espagne en Turquie; allez de France en Allemagne, d'Allemagne en Russie, et vous y rencontrerez d'autant moins d'aisance, que vous y rencontrerez plus de ce qu'on appelle bon marché. A mesure que l'on trouve moins dans un pays de tout ce qui est nécessaire à la vie, on y trouve moins de capitaux, et notamment moins d'argent, qui est l'un des plus importants des capitaux, et la valeur nominale des choses s'exprime par des chiffres moins élevés.

Mais nous avons admis une hypothèse impossible : c'est que tout propriétaire ou capitaliste serait appelé sans exception à faire cette remise du tiers de son revenu, et qu'en même temps les producteurs de toute espèce réduiraient leurs produits dans une proportion égale. L'une et l'autre de ces suppositions sont complétement fausses.

En effet, jamais sacrifice ne fut plus inégalement réparti que celui qu'on exigerait ici. Une grande partie du territoire est possédée par des agriculteurs qui exploitent la terre eux-mêmes, et qui n'ont point de fermiers. Ce sont en général les petits propriétaires. Parmi les grands propriétaires eux-mêmes, les plus riches assurément, ceux qui possèdent des bois, ceux qui possèdent de grands vignobles, ceux qui ont des pâturages détachés des exploitations, n'ont pas de fermiers. Parmi les propriétaires de maisons, le plus grand nombre habitent leurs propres maisons et ne les louent pas. C'est le cas des habitants de la campagne, et c'est aussi le cas des possesseurs de grands hôtels dans les principales villes de France. Ainsi les propriétaires, petits ou grands, qui exploitent pour leur compte, et qui n'ont pas de fermiers, seraient dispensés du sacrifice du tiers de leur revenu. Les possesseurs de maisons qui ne les louent pas, mais qui les habitent, en seraient dispensés également. Or ces diverses classes de propriétaires possèdent les deux tiers peut-être de la propriété foncière de France.

L'inégalité ne serait pas moins grande parmi les possesseurs de capitaux mobiliers. Les capitalistes qui prêtent sur hypothèque sont les moins riches de tous. La masse se compose de vieux serviteurs, d'employés, de petits commerçants, qui ont travaillé toute leur vie pour économiser quelques mille francs, et qui cherchent dans le placement sur hypothèque la sécurité du capital et la fixité du revenu. C'est par sommes de 2, 3, 4,000 francs, par revenu de 100 et 200 francs, que se comptent en province les capitaux placés sur hypothèque. A Paris même, ils se composent de sommes très-modiques. Ceux-là seraient inévitablement frappés; et tandis que l'on vient de reconnaître comme presque impossible dans la proportion d'un cinquième du revenu les créances hypothécaires, on proposerait de les imposer dans la proportion d'un tiers. Et à côté de ce sacrifice exigé des plus pauvres capitalistes, le commerçant, le banquier, qui prêtent sous forme de créance chirographaire, et qui font valoir leurs capitaux en émettant des lettres de change qui ne portent la mention d'aucun intérêt, seraient affranchis de toute charge!

Il n'est donc pas vrai que le sacrifice imposé à la propriété fût égal : il est encore moins vrai qu'il fût suivi d'une compensation immédiate par l'abaissement du prix de toutes choses.

Quand on fait baisser sensiblement les matières premières qui servent à l'industrie, ou les frais de tout genre qui composent son prix de revient, il arrive souvent, mais pas toujours, qu'on fait baisser aussi le prix de ses produits, et qu'on amène le bon marché, parce que les producteurs pressés incessamment d'attirer à eux les acheteurs, sont portés à réduire leurs prix jusqu'au point où ils cessent de gagner suffisamment pour vivre. Mais pour qu'il en soit ainsi, il faut que la diminution des prix de revient soit sensible et générale; autrement, si elle est de peu de chose, ou particulière à quelques-uns, le producteur en profite pour lui-même, et se garde d'en faire profiter l'acheteur.

Supposez par exemple un fermier qui supporte un fermage de 12,000 francs; qui, pour acquitter ce fermage, ses impôts, ses frais de culture, l'intérêt des capitaux employés sur la terre qu'il exploite, a besoin d'obtenir pour 36,000 francs de produits de toute sorte, et qui trouverait dans l'abaissement subit du prix de son bail un avantage de 2,000 francs, et par suite, le moyen de vendre l'hectolitre de froment un franc meilleur marché, croyez-vous qu'il se hâterait de réduire de 20 à 19 francs le prix de cet hectolitre de froment? Evidemment, il garderait pour lui cet avantage, surtout la condition nouvelle qui lui est faite n'étant pas générale, et ne s'appliquant qu'à une partie du territoire. Sans doute, lorsque par l'effet des saisons ou des mouvements extraordinaires du commerce des grains, en voit dans l'espace d'une année le prix de l'hectolitre varier de 40 à 15 francs, ainsi que nous venons de le voir de 1847 à 1848, et même quand les variations sont beaucoup moindres, le prix des aliments s'en ressent tout de suite; mais une réduction forcée, violente, dans les fermages, d'où pourrait résulter une diminution d'un franc dans le prix de l'hectolitre, cette réduction surtout n'étant que partielle, n'aurait évidemment aucun effet sensible.

Croyez-vous encore qu'un marchand de l'un des grands quartiers de Paris, qui paye 5,000 ou 6,000 francs par an le magasin dans lequel il vend des étoffes, des bijouteries, des ameublements, qui a 25,000 ou 30,000 fr. de frais, qui est obligé de faire 150,000 ou 200,000 fr. d'affaires, quelquefois 300,000 francs, et à qui, par un abaissement de loyer, vous auriez procuré 800 ou 1,000 fr. de diminution sur ses frais, pourrait vendre à beaucoup meilleur marché les 200,000 ou 300,000 francs de marchandises sur lesquels reposent ses bénéfices? En supposant qu'il voulût faire profiter l'acheteur de la diminution que vous lui auriez procurée, c'est à peine s'il pourrait lui accorder un demi pour cent.

Bien que de telles chimères méritent à peine d'être discutées, il n'est pas inutile de vous montrer la frivolité des calculs sur lesquels elles s'appuient. Ce prétendu crédit *réciproque* qui reposerait sur un sacrifice égal imposé à tous, et sur un retour de bon marché dont tous profiteraient aussi, est donc une pure fable, car le sacrifice n'est imposé qu'à quelques-uns, et à peine profitable à quelques autres, qui n'en feraient profiter personne.

Maintenant, à considérer la chose du point de vue du crédit, peut-on considérer comme un véritable secours les 800 ou 1,000 fr. laissés à un marchand, ce qui, pour pour le terme échu de son loyer, formerait un total de 400 ou 500 fr. ?

Transportez-vous dans ces riches quartiers de Paris, dont je parlais tout à l'heure, où le marchand est obligé de faire de 150,000 à 300,000 fr. d'affaires par an, pour obtenir un bénéfice raisonnable, et de vendre par conséquent depuis 10,000 jusqu'à 25,000 fr. de marchandises par mois; transportez-vous auprès de lui, et questionnez-le sur sa situation. Il vous dira ce que quelques-uns d'entre eux me disaient à moi-même ces jours derniers, qu'indépendamment de leurs malheurs de famille, car il y a telle rue où il y a sept ou huit morts et une douzaine de blessés, grâce à certaines doctrines, ils n'ont quelquefois pas vendu pour 1,000 francs de marchandises par mois. J'en ai entendu un qui, depuis quatre mois, avait à peine vendu pour quelques centaines de francs. Qu'importeraient à ces marchands leurs loyers et leurs impôts, si leur commerce recouvrait une partie de son activité première? Ils donnent tous les jours eux-mêmes la preuve de ce qu'ils pensent à cet égard, en quittant un quartier où une boutique leur coûte 3,000 francs, pour aller s'établir dans un autre, où la même boutique leur en coûte 6,000, uniquement parce que la circulation des passants y est plus active et plus continue.

Ce n'est point le manque de quelques centaines de francs pour continuer son commerce, ou le manque de quelques centaines de francs pour continuer ses cultures, qui constitue aujourd'hui la gêne du commerçant et de l'agriculteur. C'est le défaut de vente qui fait que le marchand n'achète pas au fabricant, que le fabricant ne fait pas travailler de peur de ne pas placer ses produits, que l'ouvrier, demeuré sans ouvrage, a de la peine à payer les denrées, que les matières premières ne sortant pas des dépôts des douanes, ne fournissent rien à l'impôt; que dès lors le crédit de l'État est ébranlé, et à la suite de ce crédit, le crédit de tout le monde. Rendez quelque sécurité à celui qui possède des terres, des maisons, des capitaux placés; faites qu'on lui paye ses revenus, et il payera ses impôts d'abord, puis il reviendra au goût de consommer lorsqu'il aura recouvré les moyens de payer, et que sa prudence cessant d'être alarmée, il ne sera plus tenté de tenir son argent en réserve pour des circonstances extraordinaires que tout le monde, à voir ce qui se passe, n'est que trop fondé à redouter.

Cet étrange système de crédit réciproque est donc exactement le contraire de ce qu'il faudrait aujourd'hui pour rétablir le crédit public et privé. L'auteur nous disait qu'il fallait remonter l'horloge sociale arrêtée. Nous lui répondons qu'il la brise. Avec beaucoup de violence, avec le renversement de tous les principes, il extorquerait à peine quelques chétives sommes pour les dispenser, en forme de dons frauduleux, à tous gens auxquels elles ne profiteraient pas, et il arrêterait à l'instant même ce flot abondant que la confiance rétablie ferait couler dans tous les canaux de la production. Consolidez la propriété, rassurez-la, et agissant alors avec la puissance et l'universalité de la nature, elle versera ses capitaux sur le travail vivifié. Alarmez-la, au contraire, elle se roidira, se soustraira à toutes vos violences, et s'enfuira, en ne vous laissant, avec la misère, que la honte de vos odieux procédés.

Cette soustraction d'un sixième sur les fermages, loyers, intérêts de capitaux, ne se justifie donc sous aucun rapport, et demeure ce qu'elle est véritablement, ou une audacieuse violation de la propriété, ou une prime accordée à la délation, si on considère le projet comme un système d'impôt. C'est sous ce dernier rapport que je dois maintenant l'examiner.

L'auteur nous a dit que par le sixième abandonné aux fermiers, locataires, débiteurs de créances, on verserait d'un côté 1,500 millions sur le travail, et que de l'autre, par le sixième destiné à l'État, on ferait entrer 1,500 millions dans le trésor à titre d'impôt, c'est-à-dire qu'on se procurerait 3 milliards d'un seul coup. Sans doute, ce serait là un merveilleux résultat. Toutefois, il faudrait d'abord se dire que, si en effet on pouvait enlever par une seule mesure 3 milliards aux uns pour les transporter aux autres, le déplacement seul, fût-il juste et parfaitement conduit, devrait amener un bouleversement inouï, et que, quand même on aurait donné aux uns le moyen de produire, on aurait probablement aussi ôté aux autres le moyen d'acheter. Mais ce sont là de vaines suppositions, dénuées de tout fondement; et ce prétendu système, qui devrait procurer aux producteurs 1,500 millions de crédit, à l'État 1,500 millions d'impôt, ne remuerait pas le dixième de ces sommes, quand même on se résoudrait, pour un résultat matériel insignifiant, à produire un mal moral immense.

Je ne vous répéterai pas ce que je vous ai déjà dit, que ce sacrifice, imposé à la propriété à titre d'impôt aussi bien qu'à titre de crédit, serait d'une inégalité inique; car toutes les terres non affermées, les maisons non louées, tous les capitaux prêtés sous forme chirographaire, ne supporteraient pas le sacrifice exigé. J'ajouterai seulement que, sous ce rapport, l'impôt proposé ne serait en rien semblable à ce qu'on appelle en Angleterre l'*income-tax*, lequel frappe toutes les natures de revenu sans exception. Mais ce sont là des considérations que je négligerai pour vous montrer tout de suite ce qu'il en serait du produit même de cet impôt. On a supposé 3 milliards à partager entre les débiteurs et le trésor. Je demanderai d'abord si on a seulement fait un calcul, un seul, avant d'énoncer un pareil chiffre?

Voici, messieurs, quelques calculs qui reposent sur des bases certaines, et dont les éléments sont à la disposition de quiconque possède les plus simples notions financières.

On a fait, en 1821, un travail approfondi sur le revenu foncier de la France, revenu net, en terres et maisons. Ce travail, exécuté en compulsant les baux authentiques, a été remanié depuis, soit pour constater les augmentations survenues dans une période de vingt-cinq ans, soit pour en faire un usage local dans divers départements. Il se révéla en 1821 un revenu foncier net de 1,600 millions. Depuis, on a supposé que ce revenu s'était élevé d'un quart, ce qui l'aurait porté à 2 milliards, et suivant quelques personnes qui le jugeaient un peu atténué, à 2 milliards 200 millions. Il doit être fort réduit aujourd'hui. En retranchant 300 millions environ d'impôt, il resterait 1,800 millions. Le tiers, dont on veut faire le prélèvement, donnerait 600 millions. Maintenant il est difficile d'évaluer la portion du territoire affermée en argent. J'ai consulté les hommes les plus compétents en cette matière, et on ne suppose pas que ce soit plus du tiers. Ce serait donc, en totalité, 200 millions d'obtenus sur les fermages et loyers saisissables.

Les créances hypothécaires, d'après un travail récent et authentique, en les dégageant de toutes les hypothèques légales ou de simple garantie, qui ne procurent aucun revenu, présentent environ 4 milliards 500 millions de capital, rapportant en moyenne 5 pour 100 d'intérêt, c'est-à-dire 225 millions de revenu. Aussi n'avait-on porté l'impôt hypothécaire, en supposant une contribution du cinquième, qu'à 45 millions. Depuis, après un plus mûr examen, on a encore jugé qu'il était impossible d'atteindre au delà de 125 millions de ce revenu, ce qui, dans la proportion du cinquième, devrait donner 25 millions. Portez la proportion à un tiers, et ce serait un produit de 41 ou 42 millions.

Les rentes sur l'État, en 5, 4 1/2, 4, 3 pour 100, s'élèvent à un total de 242 millions, dont il faut défalquer 68 millions rachetés par l'amortissement, ce qui laisse une somme totale de 174 millions appartenant, soit aux particuliers, soit à des établissements publics qu'il faudrait doter d'une autre façon. Le tiers de 174 millions donnerait 58 millions.

Quant aux actions industrielles, le dénombrement n'en est pas facile à faire. Le produit en est complétement détruit aujourd'hui. Mais des documents récents feraient supposer que les chemins de fer, d'ici à quelques années, pourraient donner de 30 à 40 millions aux actionnaires. Je doute que les canaux, les mines, les compagnies d'assurances, produisent 20 millions. C'est donc une exagération que de porter à 60 millions le produit total des actions dites industrielles. Le tiers serait de 20 millions.

Ainsi, en additionnant ces revenus de diverses origines, on aurait pour loyers et fermages	200 millions.
Pour créances hypothécaires.	42
Pour rentes sur l'État.	58
Pour actions industrielles.	20
Total. . . .	320 millions.

Je reconnais tout le premier que ces calculs ne peuvent être qu'approximatifs; mais j'affirme qu'ils approchent autant que possible de la vérité, qu'ils sont les seuls qu'on puisse présenter avec quelque fondement, et qu'il faut ou ne rien alléguer, ou, si on parle du produit probable, n'en pas énoncer un autre que celui que je suppose ici.

Ainsi donc, au lieu de 3 milliards, dont 1,500 millions pour le prétendu *crédit réciproque*, 1,500 millions pour l'État, il s'agit de 320 millions, c'est-à-dire de 160 millions, pour ranimer toute la production française, production agricole, manufacturière, commerciale, qui est peut-être de 8 ou 10 milliards en France, et qui s'obtient avec un capital immense, impossible à calculer, car c'est le capital national tout entier; et enfin 160 millions pour cet impôt nouveau, qui devait être, disait-on, de 1,500 millions, et qui devait fournir le moyen de supprimer ou de réduire l'impôt des 45 centimes, l'impôt hypothécaire, l'impôt sur les successions, l'impôt sur les patentes, l'impôt sur le sel, la viande, les boissons, etc., c'est-à-dire de remplacer peut-être 300 millions de contributions diverses, de fonder des comptoirs d'escompte, des banques territoriales, et de donner le signal de la production à toute l'industrie française, en lui garantissant le placement de ses produits, dans la proportion qu'ils atteignaient dans les temps de la plus grande prospérité! 160 millions pour remplacer plus de 300 millions d'impôts, et pour créer toutes ces merveilles, voilà comment, dans les nouvelles écoles économiques, on ajuste la fin et les moyens!

Je ne dis rien de la convenance qu'il y aurait à frapper maintenant les rentes d'une redevance, non pas du cinquième, mais du tiers, dans un moment où vous êtes obligés de vivre de votre crédit. Dans ces gigantesques remaniements de la société, on ne s'arrête pas à de telles considérations. Je n'envisage que l'ensemble, et vous pouvez apprécier d'un seul regard ce système de crédit réciproque et d'impôt nouveau, devant tout vivifier à la fois. Aussi, messieurs, votre comité des finances n'a-t-il pas pris au sérieux une telle conception, et s'il m'a prescrit de vous l'exposer avec quelque détail, ce qui semble donner à un tel projet plus d'importance qu'il ne conviendrait, c'est pour vous montrer avec quelle connaissance de la réalité des choses, avec quelle précision de calcul, certains réformateurs conçoivent et arrêtent leurs systèmes.

Du reste, votre comité des finances prend ce projet pour ce qu'il est. A ses yeux, ce n'est ni un système de crédit, ni un impôt nouveau tendant à créer de vastes ressources; c'est tout simplement, comme le premier jour où ce projet parut dans un journal suspendu, une attaque à la propriété, attaque aussi audacieuse que dangereusement combinée. Ordinairement, c'est une proposition difficile, exposée à peu d'accueil, qu'une attaque avouée à la propriété; car, si, pour nous arracher telle ou telle proposition, on nous dit souvent que le peuple la veut, on peut dire avec plus de vérité, quand il s'agit de la propriété, qu'il y a en France dix millions de cultivateurs résolus à la défendre. Mais on a trouvé par le projet dont il s'agit, on a trouvé, nous le reconnaissons, un moyen qui n'est pas sans habileté. On sait qu'il y a des fermiers à qui le bas prix des denrées rend difficile l'acquittement de leurs fermages, des locataires auxquels la suspension de tous les payements rend presque impossible l'acquittement de leurs loyers, des débiteurs qu'une interruption générale des affaires a placés dans un grand embarras pour payer l'intérêt de leurs dettes, et on a fait appel à toutes ces misères, à toutes les passions qu'elles pouvaient soulever.

On a trouvé pour tous ceux qui doivent ces fermages, ces loyers, ces intérêts, un moyen de ne pas les payer. Dénoncez votre dette, leur a-t-on dit, et on vous en remettra le tiers; et ce tiers sera moitié pour vous, moitié pour l'État, auquel il servira à détruire une foule d'impôts odieux. On a espéré mettre ainsi pour soi les fermiers, les locataires, les débiteurs; on a espéré mettre pour soi les cultivateurs, les patentables que l'impôt des 45 cent. écrase, et même les classes plus aisées que l'impôt progressif sur les successions a profondément inquiétées. On ne pouvait pas, nous le reconnaissons, mieux appeler à soi les mauvaises passions, et plus habilement armer la propriété contre elle-même. L'invention, nous le reconnaissons, est nouvelle ; elle suppose une certaine fertilité d'esprit dont, à notre avis, il n'y a pas fort à s'honorer ; et à cet égard, le projet, de puéril qu'il était sous le rapport financier, devient sérieux, habile même, mais en même temps digne d'une éclatante réprobation.

C'est cette réprobation dont votre comité des finances m'a chargé d'apporter ici l'énergique expression.

Le langage que nous avons employé est sévère sans doute ; mais s'il y a des erreurs qu'il faut savoir plaindre et respecter, il y en a qu'il ne faut payer d'aucune indulgence. Que certains philosophes à vues bornées, inspirés par une misanthropie qui se rencontre souvent chez des esprits mécontents de la société et d'eux-mêmes, méconnaissent les grandes vérités nécessaires aux hommes, mettent en doute Dieu, la famille, la propriété, substituent à ces idées profondes et éternelles, des idées fausses et funestes, cela s'est vu souvent, et cela ne mérite que compassion et respect ; respect, entendons-nous, pour la liberté de l'esprit humain, qu'il faut respecter dans celui même qui se trompe, car en voulant arrêter Spinosa, on arrêterait Platon, Descartes et Newton. Mais que, sortant de leurs méditations chagrines et solitaires, ces mêmes esprits osent, dans des temps de guerre civile comme les nôtres, où les idées fausses font mouvoir des bras criminels, osent se servir de leurs erreurs comme d'un moyen d'excitation pour soulever la multitude égarée, alors c'est un devoir, tout en respectant la liberté chez ceux qui en usent si mal, d'en blâmer le déplorable usage avec tout l'éclat d'un jugement national.

Telle a été l'intention de votre comité des finances dans le rapport qu'il m'a chargé de vous présenter. J'espère que dans l'intérêt de la société si profondément ébranlée, l'Assemblée nationale voudra bien s'y associer.

DISCOURS

PRONONCÉ A L'ASSEMBLÉE NATIONALE

LE 31 JUILLET 1848.

LE CITOYEN PRÉSIDENT. L'ordre du jour appelle la délibération de l'assemblée sur la suite à donner à la proposition du citoyen Proudhon.

Le citoyen Proudhon a la parole.

LE CITOYEN PROUDHON. Citoyens représentants, vous êtes impatients, non pas de m'entendre, mais d'en finir.

Le socialisme, depuis vingt ans, agite le peuple.

Le socialisme a fait la révolution de Février : vos querelles parlementaires n'auraient pas ébranlé les masses.

Le socialisme a figuré dans tous les actes de la révolution : au 17 mars, au 16 avril, au 15 mai.

Le socialisme siégeait au Luxembourg, pendant que la politique se traitait à l'Hôtel-de-Ville.

Les ateliers nationaux ont été la caricature du socialisme; mais, comme ils n'ont pas été de son fait, ils ne l'ont pas déshonoré.

C'est le socialisme qui a servi de bannière à la dernière insurrection; ceux qui l'ont préparée et ceux qui l'exploitent avaient besoin, pour entraîner l'ouvrier, de cette grande cause.

C'est avec le socialisme que vous voulez en finir, en le forçant de s'expliquer à cette tribune.

Moi aussi, je veux en finir. Et puisque vous m'avez garanti la liberté de la parole, il ne tiendra pas à moi que nous en finissions avec le socialisme ou avec autre chose. (Rumeurs prolongées.)

J'avais écouté, avec l'attention qu'elles méritaient, les

observations du comité des finances sur la proposition que j'ai eu l'honneur de vous soumettre. J'ai lu depuis, avec toute la diligence dont je suis capable, le rapport que vous avez entendu mercredi, et je déclare qu'après cette lecture, je me crois plus fondé que jamais à insister sur l'adoption de mon projet.

Le comité des finances vous a dit, par l'organe de son rapporteur, qu'il avait consacré beaucoup de temps à m'entendre; je voudrais qu'il eût consacré une seule minute à me comprendre: il se serait gardé d'autoriser un rapport aussi plein de personnalités, et aussi léger de raisons que celui qu'on vous a lu.

Que trouve-t-on dans ce rapport?

L'auteur y parle comme un inquisiteur jugeant un hérétique :

« La proposition du citoyen Proudhon, vous a-t-il dit, est immorale, injuste, factieuse, pleine de malice, de perfidie et d'ignorance, antifinancière, antisociale, sauvage, extravagante, émanée d'un esprit misanthropique, chagrin et solitaire, incitant à la délation et à la guerre civile, violatrice des contrats, attentatoire à la propriété, inclinant à l'abolition de la famille et à l'athéisme. »

Le tout entremêlé, pour la forme, de quelques considérations économiques dont je ferai justice.

Le comité des finances a été sévère, sévère comme un maître d'école; c'était pour lui, à l'en croire, un devoir impérieux. Il a été unanime dans l'expression de cette sévérité. Nous saurons bientôt si c'est la prévention ou la raison qui a produit ce vote unanime.

Si pourtant le comité des finances, s'exprimant par la bouche du citoyen Thiers, avait parlé dans une ignorance absolue et volontaire du sujet; si ses calculs se trouvaient inexacts, ses appréciations fausses, ses insinuations calomnieuses, ses raisonnements de perpétuels paralogismes, j'aurais certes, à mon tour, le droit d'être sévère. Je serai indulgent. (Rires.) Le rapport que vous avez entendu, sans pitié pour ma personne, m'autoriserait peut-être à des représailles terribles : je serai plein de miséricorde. (Nouveaux rires.)

On a voulu écraser en moi, d'un seul coup, le socialisme, c'est-à-dire la protestation du prolétariat, et faire, par cette exécution, un pas de plus dans la voie réactionnaire. (Allons donc ! — Écoutez ! écoutez ! — Laissez tout dire !)

La force du socialisme, sachez-le bien, ne tient pas au succès d'un individu. Mais, puisqu'on a fait d'une proposition financière une question de parti, je ne reculerai pas devant cette discussion ainsi élargie. Il sera prouvé aujourd'hui que ce sont les notabilités financières qui, depuis vingt ans, par leur ineptie, sont la cause de notre ruine. Grâce au comité des finances, le débat n'est point entre le citoyen Thiers et moi ; il est entre le travail et le privilége.

Mais, avant d'entrer dans la question, j'ai quelques mots à dire pour un fait personnel.

On a fait intervenir, dans un rapport financier, la religion et la famille, menacées, à ce qu'il paraît, dans leur existence, par l'impôt du tiers. J'avais prié le comité des finances, et le rapporteur en particulier, de faire disparaître certaines expressions tout à fait inutiles, et qui ne figuraient dans le rapport que comme un écho des calomnies de la presse.

Le comité, le rapporteur, n'ont tenu aucun compte de ma réclamation.

Il est possible, m'ont-ils dit, que l'insinuation soit, en ce qui vous concerne, calomnieuse. Tant mieux; elle vous fournira l'occasion de protester, et vous devez être heureux que cette occasion vous soit offerte.

Eh bien, je ne protesterai pas. Je veux que la tentative de calomnie reste au comité des finances et à son rapporteur. Personne ici n'a le droit de me contraindre à une protestation. Je préviens seulement mes adversaires qu'en matière de famille et de religion, je ne sépare pas la pratique de la doctrine, et que toute insinuation à mon adresse qui se renouvellerait ici, je la regarderais comme une atteinte à ma vie privée et une diffamation. Je ne provoquerai pas l'agresseur en un combat singulier : la mort d'un homme ne me satisferait pas. Je ne le traduirai pas devant les tribunaux : la justice, en pareille matière, est incompétente. Je le défierai en un duel de conscience. Je lui dirai : apportez à cette tribune votre vie secrète; faites vos confessions, et je ferai les miennes. (Murmures ironiques.) Nommons un jury d'enquête; qu'on nous passe tous les deux à l'étamine, et que le public juge qui, de vous ou de moi, est l'hypocrite, quel est l'impie.

J'arrive maintenant à mon sujet.

Citoyens représentants,

La proposition qui vous est déférée n'est rien de moins, prenez-y garde, que la révolution de Février; et ce que vous allez faire pour l'une, vous le ferez pour l'autre. Vous ne savez rien de ma proposition pas plus que de la Révolution (Réclamations), ni le *principe*, ni le *but*, ni les *moyens*. Le comité des finances, qui, par sa spécialité, devait vous les faire connaître, ne vous en a rien dit. Tout ce qu'il a soupçonné de mon projet, c'est qu'il était quelque peu révolutionnaire. Est-ce que le comité des finances accueille les idées révolutionnaires? est-ce que, dans cette révolution de Février, il voit autre chose qu'une surprise, un accident déplorable?

Pour moi, je suis de ceux qui prennent au sérieux cette révolution, et qui ont juré d'en poursuivre l'accomplissement. Vous m'excuserez donc, citoyens, si, pour expliquer ma proposition, je reprends les choses d'un peu haut. Je serai, d'ailleurs, dans ces prolégomènes, extrêmement bref.

En 93, si la mémoire ne me trompe, au moment des plus grands dangers de la République, un impôt du tiers fut frappé sur le revenu. Je ne vous dirai point comment fut établi cet impôt, comment il fut accueilli, ce qu'il rendit.

Ce que je veux vous faire remarquer, et qui seul importe en ce moment, c'est qu'en 93 la propriété paya sa dette à la révolution. A cette époque, où il s'agissait d'être ou de n'être pas, la propriété, chose rare, fit un sacrifice au salut public : ce souvenir lui est resté comme un des plus atroces de ces jours immortels.

Depuis lors, depuis cinquante-six ans, la propriété, je veux dire le revenu net, n'a contribué en rien à la chose publique. (Dénégations et rires.) Vous rirez après.

L'impôt établi sur le principe de la proportionnalité, sa seule base possible, a pesé constamment, de tout son poids, sur le travail. Le travail seul, je le répète à dessein, afin que l'on me contredise, le travail seul paye l'impôt comme il produit seul la richesse.

La révolution de 1848 est arrivée. Ses dangers, ses angoisses, pour être d'une nature toute différente, ne sont pas moindres que ceux de 93. Il s'agit donc de savoir si la propriété, si le revenu *net*, en tant qu'il se spécialise et se sépare du produit *brut*, veut faire pour cette révolution QUELQUE CHOSE!

En 93, la révolution combattait contre le despotisme et contre l'étranger.

En 1848, la révolution a pour ennemis le paupérisme, la division du peuple en deux catégories, ceux qui possèdent et ceux qui ne possèdent pas.

L'objet de la révolution de Février s'est formulé tour à tour de différentes manières : *Extinction du paupérisme*, *organisation du travail*, *accord du travail et du capital*, *émancipation du prolétariat;* tout récemment, *droit au travail* ou *garantie du travail*.

Cette formule du *droit au travail* ou de la *garantie du travail* est celle que vous avez adoptée dans votre projet de constitution, art. 2, 7 et 132, et que vous maintiendrez, je n'en doute pas. (Bruit.)

Acceptant donc la détermination ainsi faite de la question révolutionnaire, *le droit au travail*, j'arrive tout de suite à ma proposition, et je me demande : En quoi consiste le *droit au travail, et comment est-il possible de le réaliser?*

Le *droit au travail*, voilà le problème.

La solution, voilà ce que je cherche. Et, afin de ne pas vous tenir davantage en suspens, je vous dirai tout d'abord que ma proposition a pour but, non pas précisément de donner la solution, mais d'en fournir les moyens. Cela même, direz-vous, suppose que vous connaissez la solution! Je vais donc vous dire, en peu de mots, ce que j'en pense.

Le travail pourrait être garanti, si la production avait un débouché sans limites : voilà mon premier raisonnement. Je ne crois pas qu'à cet égard je rencontre de contradicteurs. Si le travail, pris dans sa collectivité, était continuellement plus demandé qu'offert, il est évident que la garantie du travail existerait; elle n'aurait pas besoin des promesses de l'État; elle ne compromettrait point la liberté ni l'ordre. A cela, point de difficulté.

Qu'est-ce donc qui nous empêche d'avoir en nous-mêmes un pareil débouché? La puissance de consommation, dans la société comme dans l'individu, est infinie; et si la plus grosse fortune ne suffit jamais à un homme qui sait vivre, quelle pourrait donc être la consommation d'un pays où l'amour du bien-être, le goût du luxe, le raffinement des mœurs, sont poussés à un aussi haut degré qu'ils le sont parmi nous, si la faculté de consommer était donnée à ce pays dans la mesure de ses besoins?

N'est-il pas évident que si, au lieu du produit chétif de 10 milliards, qui ne donne pas à chacun de nous 75 cent. par jour, il nous était permis de dépenser 100 milliards, 7 fr. 50 c. par jour et par tête, nous les dépenserions? (Mouvement.)

Je ne dis pas que nous puissions en arriver là maintenant; mais je dis que nous sommes capables de les dépenser. (On rit.)

Ce n'est donc pas, au fond, la volonté de consommer,

par conséquent le débouché, qui manque : c'est que la consommation est mal servie.

Il y a quelque chose qui l'empêche, qui met sur elle l'interdit. Les magasins regorgent, et la population est nue ; le commerce est stagnant, et le peuple ne vit que de privations ! Tous, tant que nous sommes, nous voulons d'abord le bien-être et ensuite le luxe ; nous produisons, autant qu'il est en nous, ce qu'il faut pour combler nos désirs ; les richesses sont là qui nous attendent, et nous restons pauvres !

Quel est donc ce mystère ?

Ce qui empêche la consommation, ce qui, par une conséquence nécessaire, met le *veto* sur le travail, c'est que la circulation des produits est entravée. Et la circulation est entravée :

1° Par l'emploi exclusif de l'or et de l'argent comme instruments d'échange ;

2° Par le loyer, ou péage, qu'il faut payer pour s'en servir ;

3° Par l'assimilation qui a été faite de tous les capitaux et instruments de production, notamment du sol, à l'instrument de circulation, au numéraire, en ce sens qu'on a établi partout sur les instruments de travail, comme sur l'argent, des péages, et qu'on a rendu, pour les détenteurs oisifs, des corps essentiellement inertes productifs d'intérêts ;

4° Enfin, par la fascination de l'or et la fureur du monopole, dont les effets sont que chacun, au lieu de produire pour jouir, et par conséquent de consommer dans la mesure de son travail, produit pour accumuler soit de l'or, soit des capitaux, et, au moyen de cette accumulation, s'exempter ensuite du travail, vivre sans produire, exploiter les travailleurs.

Ainsi, tandis que le produit de la France pourrait être facilement de 20 et 30 milliards, il est tout au plus de 10 ; et sur ces 10 milliards qui devraient se consommer et se renouveler sans cesse, il en est un cinquième, un quart mis en réserve, sous prétexte d'économies, détourné de la circulation, retranché de la consommation, un quart qui demeure stagnant, et qui, par là même, refoule d'autant la production, le travail.

500 millions placés à la caisse d'épargne sont 500 millions de commandes enlevés à la classe ouvrière, 500 millions de déficit sur les salaires, 500 millions à déduire sur le bien-être du peuple. (Rumeurs.)

Le peuple, plus avancé sur ce point que les économistes, commence à le comprendre; la classe ouvrière a analysé la puissance secrète qui arrête la circulation, ferme le débouché, amène fatalement la stagnation et la grève. Aux yeux du prolétariat, les caisses d'épargne et de retraite sont le *sauve qui peut* de la société moderne. Les financiers ignorent ces choses-là, ou, s'ils les savent, ils les dissimulent; il y va de leur privilége.

Le problème consiste donc, pour moi, non pas à établir une communauté impossible, à décréter une égalité illibérale et prématurée; il consiste à supprimer les péages de toute nature qui pèsent sur la production, la circulation et la consommation, suppression que j'exprime par la formule plus technique, plus financière, de *gratuité du crédit*. (Interruptions diverses)

La *gratuité du crédit*, telle est, en langage économique, la traduction de ces deux mots, insérés dans le projet de constitution, *la garantie du travail.*

Or l'intérêt de l'argent étant la pierre angulaire du privilége et le régulateur de toutes les usures, j'entends par là de tous les revenus de capitaux, c'est donc par l'abaissement progressif de l'intérêt de l'argent qu'il faut procéder à la gratuité du crédit, à l'abolition des taxes qui entravent la circulation et produisent artificiellement la misère.

Et c'est à quoi nous parviendrions bientôt en créant une banque nationale dont le capital pourrait être porté, je raisonne ici suivant les idées de la routine financière, à 1 ou 2 milliards, et qui ferait l'escompte et la commandite, dans les conditions voulues, mais *sans intérêt*, puisqu'il implique contradiction qu'une société bénéficie sur elle-même.

Ayons donc une banque nationale, organisons le crédit public, et, à moins que nous ne voulions entretenir, faire perdurer à tout jamais le privilége et la misère, il est clair qu'avec cette banque nous aurons, les frais d'administration et de bureau réservés, l'escompte pour rien, le crédit pour rien, et finalement l'usage des maisons et de la terre pour rien. (Hilarité générale prolongée.)

Et quand nous serons arrivés là (Nouveaux rires), le principe d'action du commerçant et de l'industriel étant changé, l'amour du bien-être, des jouissances effectives se substituant, comme mobile du travail, à l'ambition et à l'avarice, le fétichisme de l'or faisant place au réalisme de l'existence, l'épargne cédant la place à la mutualité, la formation des capitaux s'opérant par l'échange même, la consommation deviendra, comme la faculté de jouir, sans bornes. (Longue interruption. — Rires et exclamations diverses.) Un débouché sans fond sera ouvert au producteur, et la garantie du travail, de fait comme de droit, existera.

Tel est, en raccourci, en ce qui concerne la garantie du travail, mon plan de réalisation, et je doute qu'on en puisse trouver d'autres. (Ah! ah!)

Je reconnais donc, et je n'éprouve pas la moindre peine à faire cette déclaration, je reconnais, j'affirme que la garantie du travail est incompatible avec le maintien des usures et péages établis sur la circulation et les instruments de travail, avec les droits seigneuriaux de la propriété. (Exclamations.)

Ceux qui prétendent le contraire peuvent se dire phalanstériens, girondins ou montagnards; ils peuvent être de fort honnêtes gens et d'excellents citoyens: mais, à coup sûr, ils ne sont pas socialistes; je dis plus, ils ne sont pas républicains. (Nouvelles exclamations.)

Car de même que l'égalité politique est incompatible

avec la monarchie et l'aristocratie, de même l'équilibre dans la circulation et dans l'échange, l'égalité entre la production et la consommation, en autres termes la garantie du travail, est incompatible avec la royauté de l'argent et l'aristocratie des capitaux. Et comme ces deux ordres d'idées sont essentiellement solidaires, il faut conclure encore que la propriété, le revenu net, qui n'existe que par la servitude, est impossible dans une république ; et que, de deux choses l'une, ou la propriété emportera la République, ou la République emportera la propriété. (On rit. — Vive agitation.)

Je regrette, citoyens, que ce que je vous dis vous fasse tant rire, parce que ce que je dis ici vous tuera. (Oh! oh! — Nouveaux rires.)

Au reste, les économistes l'ont depuis longtemps reconnu : l'abolition de l'intérêt de l'argent, par suite la suppression des loyers, fermages et redevances payés pour l'emploi des capitaux, est le terme nécessaire, fatal, du mouvement économique. Le taux normal de l'intérêt étant zéro, le taux de la rente est aussi zéro : cela est d'une certitude mathématique. La tradition sociale, la pensée du législateur, la tendance de l'opinion, le proclament.

A l'origine des sociétés, l'intérêt ou le prix du prêt était de 100 et plus pour 100 du capital ; à Rome, Cicéron, Brutus, Sénèque, tiraient 60 et 80 pour 100 de leurs capitaux. L'intérêt a ensuite baissé à 15, à 12, à 8 : chez nous il est fixé, de par la loi, à 5 ; il pourrait l'être, je l'ai démontré tout à l'heure, de par la banque, à 4, à 3, à 2, à 1, à zéro. Cela est dans la nécessité du progrès, et c'est afin d'accélérer ce progrès qu'a été faite la révolution de Février.

Et tous ces projets de crédit foncier, de papier hypothécaire, dont nous sommes assaillis, où tendent-ils ? Quel en est l'objet, le but final ? C'est, et l'on n'en fait point mystère, c'est de suppléer le numéraire, de lui faire concurrence, de le forcer à réduire son loyer. Dans cet effort de l'opinion vers un nouveau système de crédit, je ne puis voir, et je défie de voir autre chose, qu'une conspiration contre l'usure, contre la rente, contre la propriété.

La révolution de Février, je le répète, n'a pas d'autre signification. (Chuchottements.) Abolir progressivement, et dans le plus court délai possible, tous ces droits du seigneur qui pressurent le travail, arrêtent la circulation et ferment le débouché; par suite, et comme conséquence nécessaire, exciter une consommation insatiable, ouvrir un débouché sans fond, fonder sur une base indestructible la garantie du travail : voilà, sans m'occuper des formes nouvelles d'une société ainsi établie, comment je conçois la possibilité de résoudre immédiatement, pratiquement, la question sociale.

Voilà ce que j'appelle, improprement peut-être, abolir la propriété.

Car, remarquons-le bien, ici point de dépossession, point d'expropriation, point de banqueroutes, pas de loi agraire, pas de communauté, pas d'intervention de l'État, pas d'atteinte à l'hérédité ni à la famille (Explosion de rires): annihilation du revenu net, par la concurrence de la banque nationale, c'est-à-dire la liberté, rien que la liberté. (Interruption.)

LE CITOYEN PRÉSIDENT. J'invite l'Assemblée au silence. On répondra. Continuez, monsieur Proudhon.

LE CITOYEN PROUDHON. Je raisonne, messieurs, dans un ordre d'idées autre que le vôtre, sans doute; mais enfin, suivez-moi avec un peu de silence et voyez si, dans l'ordre d'idées où je me suis placé, je raisonne juste.

Plusieurs membres. Parlez! continuez!

LE CITOYEN PROUDHON. Je sais qu'on se récrie, dans certaines écoles, contre cette interprétation. On nie que la suppression de la rente, cette expression du domaine, soit adéquate à la suppression de la propriété, alors surtout que la possession individuelle est maintenue.

C'est là une querelle de mots que j'abandonne aux philologues. Je me contente de ce qui vaut mieux qu'une définition, je me borne à bien préciser le fait. Certaines gens crient, et j'en connais plusieurs dans cette enceinte : *Vive le roi ! à bas ses droits !* Je dis, moi, *A bas le roi ! à bas ses droits !* et je pense raisonner plus juste.

Pour en finir avec cette logomachie, et afin de ne laisser aucune prise à la calomnie et à l'équivoque, je répète que, par *abolition de la propriété*, je n'entends et n'ai jamais entendu autre chose que l'abolition progressive, aussi ménagée qu'on voudra, et par voie de libre concurrence, des revenus des capitaux, mais sans expropriation et sans la moindre tendance communiste.

La propriété, par cette abolition de ses droits, se trouvera convertie en une sorte de possession, inconnue dans les traités de jurisprudence (Sourires), et qu'aucune loi n'a pu encore définir, par la raison toute simple que cette possession, devant résulter du mouvement économique qui, après avoir fait le capital productif, le rend stérile par la concurrence et la mutualité ; cette possession, dis-je, n'avait pu exister nulle part.

Selon moi donc, la liquidation de l'ancienne société a été ouverte le 24 février, par une révolution qui a chassé Louis-Philippe (Oh ! oh !) et abrogé l'ancienne division du peuple en deux castes, classe travailleuse et classe bourgeoise.

Cette liquidation sera orageuse ou amiable, suivant les passions, la bonne ou la mauvaise foi des partis.

Elle sera plus ou moins longue, selon les tempéraments qu'on jugera convenable d'y apporter, ou les résistances qui précipiteraient une catastrophe.

Cette liquidation, je l'ai, pour ma part, et depuis longtemps, calculée, dénoncée maintes fois. C'est elle que j'avais en vue lorsque je disais au comité des finances : *Accordez-moi le droit au travail et je vous abandonne la propriété*, déclaration qui, pour le dire en passant, ne m'a point été arrachée ni surprise. Je l'ai faite en toute liberté d'esprit, et après mûre réflexion. Les seules idées qui se réalisent sont celles qui se formulent.

Citoyens représentants, vous venez d'entendre ma profession de foi. Elle était nécessaire pour vous faire comprendre le sens de ma proposition, et le rapport qui vous a été lu la rendait encore plus indispensable. On m'a accusé de dissimuler mes intentions, de n'oser dire ici ce que j'imprime depuis dix ans dans des brochures et des journaux. Vous m'êtes témoins aujourd'hui si je dissimule, si j'ai peur de dire à la face de la France ce que je crois, ce que je veux.

Oui, je veux l'abolition de la propriété, dans le sens que je viens de dire; et c'est pour cela que, dans un article dénoncé à cette tribune, j'ai écrit cette phrase : *La rente est un privilége gratuit, qu'il appartient à la société de révoquer.*

Mais, comme je l'ai fait observer, la révocation de ce privilége peut être subite et violente, telle, en un mot, que, dans l'exaltation de la colère, l'appelle un homme d'esprit, comme aussi elle peut être successive et pacifique.

Je vous demande aujourd'hui, comme représentant du peuple, obligé, à ce titre, de ménager tous les intérêts, d'ordonner que cette révocation soit faite avec toute la lenteur et les ménagements que peuvent souhaiter les positions acquises, avec toutes les garanties de sécurité que peuvent exiger les propriétaires. (Rires ironiques.)

Et c'est afin de pourvoir aux voies et moyens de cette révocation, et nullement pour passer à une exécution immédiate, que je propose de créer temporairement un impôt spécial, l'impôt sur le revenu, au moyen duquel le pays sortirait de la crise, travailleurs et maîtres reprendraient la position qu'ils occupaient avant la révolution; la propriété dépréciée recouvrerait sa valeur; le crédit public serait inauguré sur de nouvelles bases.

Voici donc, indépendamment des voies et moyens que j'examinerai tout à l'heure, quel est le sens de ma proposition :

1° Dénonciation à la propriété, à la classe bourgeoise, du sens et du but de la révolution de Février;

2° Mise en demeure, adressée à la propriété, de procéder à la liquidation sociale, et, entre temps, de contribuer, pour sa part , à l'œuvre révolutionnaire; les propriétaires rendus responsables des conséquences de leur refus, et sous toutes réserves. (Vive interruption).

Plusieurs membres. Comment! sous toutes *réserves!* expliquez-vous.

LE CITOYEN DUPIN (de la Nièvre). C'est très-clair! la bourse ou la vie!

Voix nombreuses. Monsieur le président, faites expliquer l'orateur!

LE CITOYEN PRÉSIDENT. L'orateur entend la demande; je l'invite à s'expliquer.

LE CITOYEN PROUDHON. La réserve vient à la suite de la responsabilité. Elle signifie...

Plusieurs membres. Nous avons bien compris!

LE CITOYEN PROUDHON. Elle signifie, qu'en cas de refus, nous procéderions nous-mêmes à la liquidation sans vous. (Violents murmures.)

Voix nombreuses. Qui, *vous*? qui êtes-vous?... (Agitation).

LE CITOYEN ERNEST DE GIRARDIN. Est-ce de la guillotine que vous voulez parler? (Bruit.—Diverses interpellations sont adressées de plusieurs côtés à l'orateur.)

LE CITOYEN PRÉSIDENT. J'invite tout le monde au silence. L'orateur a la parole pour expliquer sa pensée.

LE CITOYEN PROUDHON. Lorsque j'ai employé les deux pronoms *vous* et *nous*, il est évident que, dans ce moment-là, je m'identifiais, *moi*, avec le *prolétariat*, et que je vous identifiais, *vous*, avec la *classe bourgeoise*. (Nouvelles exclamations.)

LE CITOYEN DE SAINT-PRIEST. C'est la guerre sociale!

Un membre. C'est le 23 juin à la tribune!

Plusieurs voix. Laissez parler! — Écoutez! écoutez!

LE CITOYEN PROUDHON *reprenant.* Ce que j'ai tenu à démontrer, par l'examen des moyens que je présente, c'est que ma proposition est aussi conservatrice des intérêts de la propriété, que décisive quant à l'objet même de la révolution.

Ce qui fâche le plus dans mon projet, c'est que le résultat en est infaillible; c'est que rien de pareil ne s'est jamais vu en finances; c'est surtout qu'il n'est point traduit ou imité de l'anglais.

On n'ose pas contester d'une manière absolue qu'un impôt sur le revenu soit injuste : on aurait contre soi les maîtres de la science, le vœu secret du fisc, l'exemple de l'Angleterre ; on aurait contre soi la conscience publique.

J.-B. Say dit en propres termes : *L'impôt proportionnel est injuste: l'impôt progressif*, il veut dire l'impôt sur le revenu, *est le seul équitable.*

A. Smith : « Il est juste, raisonnable, que le riche contribue aux dépenses publiques, non-seulement à proportion de son revenu, mais pour quelque chose de plus. »

Et l'un des derniers abréviateurs de l'économie politique, J. Garnier, ajoute : « Les réformes doivent tendre à établir une égalité progressionnelle, si je puis ainsi dire, bien plus juste, bien plus équitable que la prétendue égalité de l'impôt, qui n'est qu'une monstrueuse inégalité. »

Tout le monde sait que l'*income-tax*, établi en Angleterre, n'est autre qu'un impôt sur le revenu. M. Thiers pourrait nous dire de quelle manière s'en fait la perception; c'est une question qui ne fait rien à mon projet.

Que signifie donc cette première phrase du rapport : *La proposition du citoyen Proudhon consiste à s'emparer*, s'emparer! *du tiers des fermages, des loyers, des intérêts de capitaux*, *etc.* »

C'est la première fois, depuis que le vote de l'impôt est devenu la prérogative parlementaire, qu'on a vu accuser l'impôt de spoliation ! L'impôt sur le revenu une *spoliation!* que dire alors de l'impôt sur le travail ? Que c'est un assassinat!.....

Je laisse là cette tactique du rapporteur, plus méchante que redoutable, et je viens à la question même.

Le rapport me fait dire, et il y revient à plusieurs reprises, qu'un impôt du *tiers* du revenu net produirait chaque année, 1° à l'État 1,500 millions; 2° aux locataires, fermiers et débiteurs, 1,500 millions; en tout 3 milliards.

L'auteur du rapport avait besoin, à ce qu'il semble, de cette énormité pour me combattre : mais ce n'est pas là la plus grosse qu'il ait découverte, comme vous verrez.

Le texte imprimé de ma proposition porte, page 2 :

« Considérant que le produit de ce nouvel impôt, produit qu'on ne saurait évaluer à moins de 1,500 millions par année, permet de supprimer ou réduire considérablement les autres impôts, etc. »

C'est 1,500 millions pour le tout, c'est-à-dire pour les citoyens et pour l'État réunis, et non pas 1,500 millions pour chacun. Je n'ai pas besoin de tant de millions et de milliards pour en finir avec la propriété ; si le rapporteur avait pris soin de lire ce qu'il attaquait avec tant de légèreté et de véhémence, il aurait vu que, dans les considérants, les mots : *impôt sur le revenu*, désignent partout l'ensemble de la taxe, et non pas seulement la partie qui doit revenir à l'État.

Je dis à la même page, quelques lignes plus bas :

« Considérant que l'*impôt sur le revenu* est d'autant plus juste et plus efficace, que *sa généralité implique nécessairement compensation*, et qu'ainsi les intérêts des propriétaires, capitalistes, rentiers, fonctionnaires publics, possesseurs de priviléges, se trouvent conciliés avec ceux des locataires, fermiers, etc., et avec ceux de l'État.

Puisque je parlais de *compensation* entre les particuliers imposés, les particuliers bénéficiaires et l'État, il est évident que j'avais en vue la totalité du produit de l'impôt : sans cela, comment aurais-je argumenté de cette compensation?....

Cette première méprise en a produit immédiatement une autre, que, dans un calculateur qui a la prétention d'être exact, je ne puis m'empêcher de relever.

Puisque je parlais d'un impôt du *tiers* du revenu, et que

l'on me faisait dire que la totalité de cet impôt, c'est-à-dire de ce *tiers*, devait rendre 3 milliards, 1,500 millions pour l'État, et 1,500 millions pour les particuliers, il s'ensuivait que, selon moi, la totalité du revenu net en France, était de 9 *milliards*, ce qui rendait l'estimation absurde. — Comment le rapporteur a-t-il manqué cette occasion de me tourner une fois de plus en ridicule? Comment, au contraire, a-t-il raisonné dans l'hypothèse d'un revenu net de 3 milliards admis par moi-même, et auquel il oppose le chiffre de 2 milliards 200 millions, qui forme, suivant lui, le total vrai? Comment n'a-t-il pas vu que l'absurdité du résultat prouvait qu'il me comprenait mal; qu'il était impossible que je fusse parti de la supposition d'un revenu net de 9 milliards, alors que la totalité du produit eût atteint à peine ce chiffre?

Je vais à mon tour poser des chiffres.

I. *Rentes de l'État.*

Suivant le rapport, il n'y aurait à espérer de ce côté que 58 millions. J'en trouve 124.

Je prends pour base de mon calcul le projet de budget rectifié, remis au comité des finances par l'honorable M. Duclerc. Le montant des rentes 5, 4 et 1/2, 4 et 3 p. 0/0 est, en nombre rond. 246 millions

Dont à déduire, rentes rachetées.	68
Reste.	178
Soit pour le tiers de retenue.	59
A quoi il faut ajouter :	
1° L'amortissement tout entier, 50 millions, ci	50
2° Amortissement et tiers sur intérêts de canaux, dette flottante, etc.	15
Total. . .	124

Je porte l'amortissement en entier, et pourquoi? Parce que l'objet de l'impôt sur le revenu étant, non-seulement de mettre fin à la crise, mais d'organiser le crédit public sur le principe de la réduction progressive et rapide du taux de l'intérêt, il est évident qu'il n'y a plus lieu pour nous à *amortir*, mais à *convertir*, ou pour parler plus juste, à *annihiler* la rente, sauf à rembourser, par annuités, le capital.

Si quelque chose pouvait rendre ma proposition agréable à un économiste, c'était, à coup sûr, qu'elle faisait disparaître l'amortissement, la plus grande mystification de la finance. Mais réformer l'amortissement, c'eût été encore une révolution. Le comité veut le maintien de l'amortissement, au moyen duquel on rachète à 95 pendant qu'on emprunte à 65 : c'est ce que prouve le calcul du rapporteur.

II. *Réduction générale de* 5 *à* 50 *p.* 0/0 *sur les traitements et pensions.*

L'auteur du rapport a omis cet article : pourquoi? C'est qu'au comité des finances on est opposé systématiquement à toute réduction sur les traitements. Or, ma proposition étant conçue sur de tout autres principes, on trouvera bon que j'y persiste.

Il résulte du décret du 4 avril 1848 et du budget rectifié, ainsi que des propres paroles de M. le ministre des finances, qu'avec une échelle de proportion aussi large que la mienne, et partant d'aussi bas (2 fr. par jour), on peut arriver facilement à une économie de 50 millions. C'est, sur 1 million et plus de salariés de l'État, une moyenne de 12 à 14 centimes par tête et par jour, ci : 50 millions.

Les motifs de cette réduction, outre celui d'économie, sont :

1° De poser une pierre d'attente à la réduction future de tous les salaires d'ouvriers, employés, etc.;

2° De détourner des fonctions publiques les citoyens, de

la même manière que le gouvernement s'efforce aujourd'hui de refouler des villes dans les campagnes les ouvriers et manœuvres.

Mais telle n'est pas la politique du comité des finances.

III. *Offices ministériels.*

Je trouve, dans une autorité que le rapporteur ne suspectera pas, *le Constitutionnel*, numéro du 21 janvier, un article statistique dans lequel, à la suite d'une énumération détaillée, le nombre des officiers ministériels est porté à 25,000, et la valeur de leurs charges à 1 ou 2 milliards. Je prends la moyenne, 1,500 millions.

Le tarif devant représenter à la fois l'intérêt du prix des charges et le traitement du titulaire, je ne crois point exagérer en portant à 10 p. 100 le revenu de ces 1,500 millions, soit 150 millions, dont un trentième pour l'État, soit une somme de 45 millions.

Cet article, non plus que le précédent, ne figure dans le rapport. Pourquoi pas encore? Parce que, d'un côté, *le Constitutionnel* est partisan de la vénalité des offices, et que, de l'autre, son patron, l'honorable M. Thiers, est opposé à l'impôt sur le revenu.

IV. *Loyers et fermages.*

Le rapport les évalue, pour le tout, à la somme de 2 milliards 200 millions : du reste, il avoue qu'à cet égard, on ne peut savoir rien d'exact; car tout ne peut se savoir. Il ne faut pas moins que l'impôt du tiers, auquel seraient intéressés tous les fermiers, locataires et débiteurs, pour avoir une approximation un peu véridique de la rente payée à la propriété.

Voici donc, pour ne pas multiplier les chiffres, la base d'évaluation à laquelle je m'arrête.

Paris, comme population, représente environ le trente-sixième de la France : comme capital, je suppose qu'il représente le dixième du revenu net de tout le pays.

Or, la somme des loyers, à Paris, est de 300 millions. Le revenu net total, pour la France, serait donc, en nombre rond, 3 milliards. Retranchant de ce chiffre la contribution foncière, que je suppose toujours acquittée par le propriétaire, reste 2 milliards 700 millions, dont le tiers, 900 millions, à partager entre les particuliers et l'État.

L'auteur du rapport, après avoir successivement réduit ce chiffre, d'abord à 2 milliards 200 millions, je ne sais sur quels documents, puis à 1,800 millions, à cause des 300 millions d'impôt, ce qui faisait une retenue de 100 millions au préjudice du projet, retranche encore de ce dernier chiffre toute la partie payée en nature, soit environ les deux tiers, 1,200 millions ; en sorte que l'impôt du tiers ne rendrait, au plus, suivant lui, que 200 millions : 100 pour les fermiers et locataires et 100 pour l'État. C'est un tour de passe-passe.

Qui donc empêche l'État, qui a 500,000 bouches à nourrir, de faire lui-même ses provisions, et de recevoir, pour une certaine part, l'impôt en nature ? La République est-elle le règne des fournisseurs ? et quand l'État peut avoir du blé, du vin, pour ainsi dire de son cru, faut-il qu'il paye à M. de Rothschild une commission de 10 p. 100 ?

V. *Créances hypothécaires et obligations sous seing privé.*

Le rapporteur, avec ce sans-façon que pouvait attendre de lui l'auteur d'une proposition socialiste, élimine d'abord, sans en rien dire, la moitié de l'article, les obligations sous seing privé. Quant à la première, il n'en évalue le produit *réalisable* qu'à 125 millions, dont le tiers à partager, 41 ou 42.

Mais il ne s'agit pas du produit *réalisable*, qui peut être aujourd'hui 125 millions, et dans six semaines zéro ; il s'agit du produit *dû*, et puisque le but de la proposition est de donner décharge d'un sixième de la dette à condition de payer un sixième à l'État, le tiers entier devait être porté en compte.

Ce tiers, quel est-il ?

On avait cru jusqu'ici que le montant des créances hypothécaires était de 12 milliards; quelques-uns même portaient le chiffre à 14. L'État, dit-on, n'a pu en découvrir que pour 4 milliards 500 millions, preuve de l'habileté des rentiers à se cacher, et de la connivence des débiteurs. Certes, l'État n'a pas tout découvert. Je maintiens donc le chiffre de 12 milliards, en y comprenant les créances chirographaires, dont la masse est incalculable, soit, à 5 pour 0/0, 600 millions de revenu, dont le tiers à partager entre les débiteurs et l'État, 200 millions.

VI. Le produit des actions de commandite est évalué par le rapporteur à 60 millions. J'accepte l'évaluation : soit donc pour le tiers de retenue à partager, 20 millions.

Les six chapitres de l'impôt sur le revenu ainsi détaillés produiraient donc, ensemble :

Rentes sur l'État.	124 millions.
Retenue sur traitements et pensions.	50
Offices ministériels, 30 pour 0/0 des tarifs. .	45
Loyers et fermages.	900
Créances hypothécaires et chirographaires.	200
Actions de commandite.	20
Total.	1,339

Sur quoi, 779 millions à l'État, et 560 millions aux particuliers.

Mais ce chiffre de 1 milliard 339 millions ne représente pas la somme entière des économies et bénéfices qui seraient obtenus par l'impôt du tiers.

Par les art. 2, 3 et 4 de la proposition, les loyers, baux à ferme et remboursement des créances sont prorogés de trois ans, à la convenance des débiteurs. L'avantage qui résulterait pour eux de cette prorogation ne peut s'estimer à moins de 600 millions.

On sait que les prêts sur hypothèque, par la fréquence des renouvellements et des frais qui en sont la suite, coûtent en moyenne aux emprunteurs un intérêt de 10 à 12 pour 0/0. Avec la faculté de ne pas rembourser pendant trois années, les emprunteurs seraient pendant le même laps de temps dégrevés de tous ces frais : c'est comme si, pendant trois années, au lieu de payer un intérêt de 10 pour 0/0, ils ne le payaient plus que de 5. Sur une valeur totale de 12 milliards, ce serait donc pour eux une économie de 600 millions.

Une des plus graves questions qu'aura à traiter l'Assemblée nationale sera celle du crédit agricole. Eh bien! par la prorogation des créances et la réduction des intérêts à 3,35 au lieu de 10 à 12, le problème est résolu, le crédit agricole est organisé pour trois ans. Le comité des finances n'a pas voulu voir cet effet complexe de l'impôt : le comité aime que les choses se fassent d'une manière plus simple.

Ne portant qu'à 400 millions, au lieu de 600, à cause de la taxe sur les offices ministériels, l'économie résultant de ce dernier chef, il reste acquis que le produit de la taxe sur le revenu, recette pour l'État, économie pour les citoyens, n'irait pas à moins de 1,739 millions, dont 779 pour l'État, et 960 pour les particuliers.

J'ai dit, dans le texte de ma proposition, 1,500 millions : trouve-t-on que ce soit encore trop? Descendons, si vous le voulez, à 1 milliard : je prends la condition la plus défavorable; pour peu qu'elle soit rationnelle, j'aurai toujours de reste.

Voyons, à présent, quelles compensations nous avons lieu d'espérer pour le pays tout entier, et conséquemment pour les propriétaires, des combinaisons de cet impôt.

En premier lieu, l'État étant taxé lui-même dans son revenu, c'est-à-dire dans son budget, chose que je n'ai pas portée en compte; l'État réduisant ou supprimant la partie de l'impôt la plus onéreuse au peuple, la plus vexatoire, la plus prohibitive, ferait jouir les contribuables d'une décharge que M. Thiers lui-même n'évalue pas à moins de 300 millions, près du cinquième du budget.

Ces 300 millions devant être couverts par le produit de la taxe, il resterait, après déduction, 200 millions de fonds disponibles.

C'est avec ces 200 millions que l'État commencerait cette banque nationale, agent d'émancipation du prolétariat, fondement et gage du droit au travail; et dont le capital, à la fin des trois années que durerait la taxe, se trouverait de 600 millions, six fois autant que celui de la banque de France.

Conçoit-on ce que pourrait un pareil instrument de crédit, fonctionnant gratis pour le commerce, l'agriculture et l'industrie?... Mais qu'est-il besoin d'insister? Il suffit de montrer la chose, pour prouver à tout homme de bonne foi que cette propriété, dont on fait si ridiculement le palladium de la famille et de la civilisation, ne tient en réalité qu'à un fil, qui ne tardera pas à rompre, pour peu qu'on veuille encore le tendre. Nommer la banque nationale, c'est tuer d'un coup la propriété, sans raisonnement, sans phrase.

Une voix. C'est cela, *la mort sans phrase!*

Une autre voix. Au *Moniteur* le discours! son auteur à Charenton!

LE CITOYEN PROUDHON. Ici trouve naturellement sa place une observation importante relativement à la rentrée de l'impôt. Il serait réservé, par les statuts de la banque, en faveur de tous locataires, fermiers et débiteurs qui auraient fait la déclaration de leurs baux et de leurs créances, une prime de 1 pour 0/0 sur les crédits et escomptes qu'ils auraient à demander à la banque, et jusqu'à concurrence de la somme qu'ils auraient fait toucher à l'État. Par ce moyen, qui rendrait la déclaration forcée, l'odieux de la révélation disparaîtrait; aucune connivence ne serait possible, aucune haine ne pourrait naître entre les capitalistes ou propriétaires et leurs débiteurs, et la rentrée de la taxe serait assurée.

Enfin, l'État garantirait à tous les entrepreneurs, fabricants, constructeurs et chefs d'ateliers, le placement de leurs produits, sous déduction de 10 pour 0/0 du prix de revient, et jusqu'à concurrence de deux mois de travail.

J'ai dit au comité qu'une garantie de placement de 2 milliards de produits, offerte à toute la nation, serait moins chanceuse qu'une garantie donnée à une seule industrie, pour une somme de 100,000 fr. Le comité ne m'a pas compris.

Faut-il donc avoir été ministre des finances pour concevoir que si l'on garantit simultanément la vente de leurs produits à l'industrie des tanneurs et à celle des cordonniers, la garantie n'existe, en réalité, que pour ceux-ci, puisque en travaillant ils consomment le produit des autres? Que si, en même temps, on garantit les autres états, dont les ouvriers ont besoin de chaussures, la garantie donnée aux cordonniers se trouvera encore nulle. Or il en sera de même de toutes les industries; comme elles se servent réciproquement de débouché, la garantie donnée à celle-ci se trouvera toujours annulée par la garantie donnée à celle-là : si bien qu'à la fin, pour une nation, lui garantir le placement de ses produits, c'est, sans bourse délier, la faire produire, et ce qui vaut mieux, la faire consommer.

Assurément, il faut être l'État, la société même, pour donner une telle garantie. Mais qui ne voit que la garantie ainsi donnée n'expose à rien la caution!... Au reste, c'est par une application de ce principe, que vous-mêmes, citoyens représentants, avez voté naguère une allocation de 5 millions pour l'industrie des bâtiments, industrie qui, disiez-vous, en fait mouvoir une foule d'autres. Au lieu d'une allocation particulière de 5 millions, qui ne sert qu'à grever votre budget, généralisez l'idée, et, sans allocation, sans crédit, vous garantissez tout le monde.

Si, dès le lendemain de la révolution, le gouvernement avait dit aux industries et aux travailleurs : Travaillez, produisez, nous vous garantissons le placement, sous bonification du dixième sur le prix de revient. Le travail serait parti au pas de course, et l'État, eût-il dû payer quelques différences à des industries en excédant, aurait préservé le pays d'incalculables désastres.

Voilà, citoyens représentants, ce que j'appelle la réciprocité du crédit, et qui amuse si fort le comité des finances et son rapporteur.

Une voix. Ça en amuse bien d'autres.

LE CITOYEN PROUDHON. Je constate que cela vous fait rire.

Une voix. De pitié.

LE CITOYEN PROUDHON. De pitié, c'est encore mieux !

LE CITOYEN TASCHEREAU. Oui, mais dans ce cas, la pitié n'est pas de l'amour. (On rit.)

LE CITOYEN PROUDHON. Le comité trouve plus simple, plus utile, plus sage, plus humain, de laisser chômer les ateliers, de désespérer bourgeois et prolétaires, d'emprunter à 7 pour 0/0, de déconsidérer et ruiner la République. La République ! ah ! c'est ce que vous poursuivez dans ma proposition !...

Ainsi donc l'État, en retour des 500 millions, minimum de recette, qu'il obtiendrait par la taxe sur le revenu, aurait rendu au pays des services de premier ordre, des services qui ne périraient pas : il aurait sauvé la révolution.

De la part des citoyens bénéficiaires, même compensation que de la part de l'État.

J'observe d'abord que cet impôt, qui a l'air de dépouiller les uns au profit des autres, profite réellement à tout le monde. En quelle proportion ? nous le verrons tout à l'heure. (Marques d'impatience.)

Voix nombreuses. Lisez plus vite.

D'autres voix. Donnez votre discours au *Moniteur*.

LE CITOYEN PROUDHON. L'impôt est réduit d'un cinquième,

300 millions. Le rentier, le capitaliste, le propriétaire, comme l'ouvrier, en profite. Il paye un cinquième de contribution de moins.

Les loyers sont réduits du tiers. Le rentier, le capitaliste, le propriétaire foncier qui demeure en ville, jouit, comme le moindre des travailleurs, du sixième qui lui revient. Le propriétaire qui occupe a mieux encore : sur tout ce qu'il occupe, il ne lui est rien retenu.

Une banque nationale est créée : qui profitera le premier de ses avantages ? Est-ce l'ouvrier qui n'a point d'établissement ? Non, c'est l'entrepreneur, le négociant, le banquier même, qui se fait, comme aujourd'hui, le détaillant des comptoirs nationaux.

Les intérêts des créances hypothécaires sont réduits du tiers. Quels sont encore ici les citoyens appelés à jouir du bénéfice de la taxe ? Sont-ce des prolétaires ? Comment cela se pourrait-il ? Les prolétaires n'ont pas d'hypothèques. Ce sont exclusivement les propriétaires; c'est toute la propriété, petite et grande. En sorte que si la propriété a le privilége de la taxe, elle a le privilége de la remise. Cela est clair comme une addition et une soustraction ; mais cela ne se comprend point dans cette Sorbonne que vous appelez votre comité des finances.

Mais tout cela n'est rien ; c'est le résultat général de la mesure sur le travail et la richesse publique qu'il faut apprécier. J'ai dit que ce résultat consistait en une augmentation de valeurs, marchandises et produits, égale à la quotité de la taxe. Le rapporteur ne comprend pas qu'il en soit ainsi; et c'est en cela que son rapport me paraît, à moi, un chef-d'œuvre d'ineptie. (Murmures et rires.)

Pour réfuter cette assertion, qui fait la base de mon projet, et que j'ose dire être dès longtemps passée à l'état d'aphorisme dans la science économique, on a osé présenter des chiffres, on a construit des calculs; on a prétendu que le producteur, loin de faire bénéficier le consommateur de la différence, la garderait pour lui ; on a dit en outre que cette baisse, que je suppose devoir être générale, existât-elle, le résultat serait nul, puisque personne n'aurait rien gagné, rien perdu. Il faut désespérer d'un pays dont les financiers font de tels calculs.

Et d'abord, quant à la baisse, M. le rapporteur la nie. Il choisit ses exemples : il cite un fermier payant 12,000 fr. de fermage, ayant à vendre pour 36,000 fr. de produits, et à qui l'impôt du tiers procurerait une économie de 2,000 fr.; puis un négociant ayant un loyer de 6,000 fr., des frais généraux de 25 à 30,000 fr., et à qui la taxe vaudrait un boni de 800 à 1,000 fr. Quelle remise appréciable, se demande-t-il, pourraient faire ces deux industriels sur le prix de leurs produits?

Remarquons que, dans l'exemple cité, le bénéfice de la taxe se traduit immédiatement, pour le fermier, en une différence de 5 1/2 pour 0/0 ; et pour le négociant, en une différence de 3 pour 0/0 sur leurs frais, économie déjà très-appréciable.

Mais à cette économie, résultant des loyers et fermages, il faut ajouter toutes celles résultant de la réduction de l'impôt, des intérêts de créances, des prorogations de baux et contrats, toute une série d'économies que le rapporteur omet de porter en compte, et dont le total peut, suivant la nature de l'industrie, la position du producteur, etc., varier de 15 à 30 pour 0/0.

A des exemples choisis exprès, je pourrais en opposer d'autres qui feraient monter encore plus haut les économies de frais obtenues par la taxe. A Paris, pour la grande majorité des commerçants et des industriels, le loyer forme la grosse part des frais; c'est le loyer qui les ruine tous.

L'économie n'est pas de 3 p. 100, elle est de 20. J'aurais de plus l'avantage d'argumenter du grand nombre, chose qu'il faut considérer avant tout dans une opération financière. Mais qui ne voit que par l'échange, par les relations du commerce, le bénéfice de l'économie se nivelle, et reste à peu près le même pour tous? (Interruption.)

LE CITOYEN PRÉSIDENT. Vous n'abrégez pas le temps par des interruptions semblables !

Un représentant. Ça repose toujours un peu.

LE CITOYEN PROUDHON. Mais enfin, me dit-on, rien ne garantit que la réduction sur les frais se traduira en une réduction sur les prix, et c'est cela même qu'il faudrait prouver.

Plus que jamais, j'ai droit de me plaindre de l'inattention du comité des finances.

Ma proposition porte textuellement, p. 6, art. 11 :

« Le tarif des douanes sera réformé sur le même principe, et réduit dans des proportions analogues. »

Comment! vous avez la main sur les tarifs de douane, et vous cherchez votre garantie ! La douane fait ici la contre-partie de la banque. Par la banque nationale, vous réglez à volonté le taux de la rente et des intérêts; par la douane, vous réglez le prix des marchandises : vous agirez sur la production, la circulation et la consommation, avec une précision mathématique. Vous conduirez la société comme un mécanicien sa locomotive.

Ce paragraphe de ma proposition, relatif à la douane, me fait songer qu'un honorable membre du comité des finances, le même qui est venu à cette tribune me traiter de *sauvage,* a fait observer que ma proposition de réduire le tarif des douanes tendait à ruiner l'industrie française, à tuer le travail national. Que répondre à un interlocuteur de cette force?

J'arrive à cette fameuse démonstration du rapporteur :

« Supposant ce phénomène impossible d'une équilibration parfaite, qu'en résulterait-il? c'est que personne n'aurait rien perdu, mais que personne aussi n'aurait rien gagné!

Rien perdu ! rien gagné !

Êtes-vous bien sûr de cela, monsieur le rapporteur du comité des finances?

En l'affirmant, vous avez commis une triple erreur.

Il y a bénéfice d'abord par l'échange. Lorsque l'Amérique nous envoie pour 20 millions de coton, et que nous lui réexpédions pour 20 millions de soieries, il y a compensation exacte. Dira-t-on pour cela que la France et l'Amérique n'ont rien gagné, rien perdu? Il en est ainsi des millions d'échange, dont la cause première est dans la division du travail, et qui font la vie de la société. Mais, organiser une réciprocité de crédits entre les citoyens par des remises mutuelles sur leurs obligations, c'est organiser, sous une forme financière, tout le commerce, c'est faire mouvoir la masse entière de leurs produits, c'est les faire travailler, les faire consommer, les faire vivre. Cela peut sembler quelque peu abstrait; mais ce n'est pas moins l'expression du fait le plus élémentaire de la société.

Il y a bénéfice, en second lieu, par l'augmentation des produits. En effet, qui dit réduction de salaire dit augmentation de travail, et conséquemment augmentation de produit : ce n'est pas de la métaphysique, c'est de la mathématique. Je demande pardon pour ces détails dignes de l'école; mais les critiques du rapporteur me font un devoir d'y entrer.

Il est incontestable, au point de vue individuel, que si on réduit le salaire d'un ouvrier, on appauvrit cet ouvrier; et réciproquement, si on augmente son salaire, on l'enrichit.

Mais si la même réduction, au lieu de porter sur un seul, porte sur tous, il y a augmentation de la richesse générale, et comme la proportion est gardée, tout le monde est plus riche.

Que signifie, en effet, cette expression, « diminuer le salaire! »

C'est faire l'une de ces deux choses, c'est exiger de l'ouvrier ou la même quantité de travail pour un salaire moindre, ou une quantité plus forte de travail pour un salaire égal. Dans l'un et l'autre cas, l'entrepreneur, celui qui paye l'ouvrier, bénéficie de la différence.

S'agit-il maintenant de la société tout entière, ce grand entrepreneur de toutes choses? Réduction de salaire pour tous, signifiera augmentation de travail pour tous, conséquemment augmentation de produits.

Exemple. La nation française produit chaque année 10 milliards de valeurs en produits et services de toute sorte.

Réduisez tous les salaires, c'est-à-dire, au lieu d'effectuer la production de ces 10 milliards de valeurs par deux millions de bras, retirez de l'atelier un million de travailleurs, dont vous répartirez le labeur entre les autres, et vous aurez un million d'hommes disponibles dont le produit nouveau s'ajoutera au premier produit de 10 milliards.

Ou, ce qui revient absolument au même, retranchez sur les 10 milliards de valeurs formant le salaire du peuple, un milliard, et avec ce milliard vous pourrez payer vos dettes, vous lester de capitaux, faire de nouvelles entreprises, former une réserve de garantie contre les risques de grève.

J'ajoute que l'impôt du tiers, toutes compensations faites, serait d'un immense avantage pour l'égalité, parce que sa proportionnalité agirait comme une progression.

Toute progression dans l'impôt a pour effet de niveler, mais seulement au profit du fisc, les conditions et les fortunes : de même l'impôt sur le revenu, faisant jouir du bénéfice de la taxe chaque citoyen, en raison directe de la somme d'impôt, de loyers, de fermages, d'intérêts, de frais judiciaires et extrajudiciaires qu'il aurait payés, et en raison inverse de la somme de ses revenus nets, on verrait se réaliser le phénomène qu'appelait de tous ses vœux le frère tant regretté de l'un de nos honorables collègues, Garnier-Pagès. Les classes inférieures s'élèveraient au niveau des supérieures sans abaisser celles-ci ; les habits garderaient leurs basques et les basques se changeraient en habits.

Une voix. Les vestes, vous voulez dire!

LE CITOYEN PROUDHON. Citoyens, je crois qu'il est de mon devoir de vous prévenir que ma lecture pourrait durer encore trois quarts d'heure. (Parlez ! parlez !)

LE CITOYEN PRÉSIDENT. L'Assemblée paraissant décidée à entendre l'orateur, je l'invite à poursuivre.

LES CITOYENS DE MONTREUIL ET TASCHEREAU. Elle est résignée.

LE CITOYEN PROUDHON. Ce qui a trompé le rapporteur dans l'appréciation qu'il a faite de la réciprocité, c'est que, tout en perdant de vue les effets de l'échange qu'elle suppose et de la réduction progressive qui lui sert de base, il a pris ensuite pour réduction de salaire la diminution du signe des valeurs. Or il s'agit ici du numérateur de la fraction, non du dénominateur.

Il est sensible, à présent, et tout ce que je viens de dire en est la démonstration par A plus B, qu'abstraction faite de la formation d'un capital pour la fondation de la banque dont j'ai parlé, il est manifeste, dis-je, qu'au point de vue de la circulation et du rétablissement des affaires, la quotité du rendement de l'impôt sur le revenu importe peu : ce qui importe, c'est la réciprocité, c'est le mouvement qui en est la suite. Que la taxe sur le revenu produise à l'État et au pays 1,500 millions. comme je le crois, ou seulement un milliard, ou moins encore, ce n'est plus sur cette approximation numérique qu'est le débat : c'est sur l'idée même. Donnez à tous les citoyens crédit du tiers de leurs redevances, et vous déterminerez à l'instant un mouvement de valeurs égal au moins à la somme de ces redevances.

Le comité des finances ne l'entend pas comme cela ; le comité des finances, et son habile rapporteur, ont sur le crédit des idées tout autres. Selon eux, ma proposition, au lieu de rétablir le crédit, l'achèverait !

J'avoue que s'il est question du crédit des usuriers, du crédit par lequel on emprunte à 7 ou 10 p. 100, quand on devrait avoir l'escompte et la commandite pour rien, ma proposition lui est peu favorable.

On dit, on ne cesse de répéter au comité des finances : le crédit ne se commande pas, il s'obtient ; car le crédit, c'est la confiance, c'est un sentiment, c'est comme l'amour. (On rit.) Cela se dit. (Oui! oui!)

Et qu'est-ce qui produit la confiance? on répond : c'est l'ordre.

Mais l'ordre lui-même, qui nous le procurera? l'autorité, le pouvoir, les baïonnettes.

Qui dispose en ce moment des baïonnettes? n'est-ce pas la bourgeoisie, la propriété, les honnêtes gens? Pourquoi donc la bourgeoisie, pourquoi donc les propriétaires, maîtres des baïonnettes, ne ramènent-ils pas le crédit? Ah! c'est qu'on n'a pas confiance!...

Voilà, sur le crédit, la théorie du comité des finances.

C'est avec cela qu'on nous oblige à faire grève, en attendant le crédit; c'est pour cela qu'on refoule dans la misère et qu'on fera périr, avant qu'il soit trois mois, quelques millions de créatures humaines, qui ne comprennent pas comment, étant si pauvres, elles manquent de travail. Ainsi le veut la haute sagesse du comité des finances.

Quant à moi, je dis, avec tous les économistes, que le crédit s'adossant à des réalités, à des hypothèques, non à des hypothèses ou des sentiments, il dépend de nous de créer, à volonté, le crédit, si les hypothèques, si les réalités existent.

Et, pour rentrer dans le cercle de ma proposition, les réalités ou hypothèques que je veux créditer les unes par les autres, sont, d'un côté, le tiers du revenu net; d'autre part, l'impôt, le travail, la sécurité, la propriété.

Créditer, selon moi, ce n'est pas *prêter*, c'est *échanger*.

Crédit, ce n'est pas un acte unilatéral, comme l'imaginent les usuriers, c'est un acte *bilatéral*.

Et ce n'est pas moi qui dis cela, c'est la force des choses, c'est l'événement de chaque jour qui le révèlent.

A l'heure où je parle, l'État demande crédit.

Les villes, les communes demandent crédit.

Le commerce et l'industrie demandent crédit.

L'agriculture demande crédit.

La propriété demande crédit.

Tout le monde demande crédit. Comment, dans une société qui ne peut agir qu'en elle-même et sur elle-même, tout le monde obtiendrait-il en même temps crédit, si tout le monde en même temps ne faisait crédit?

Sortons une fois de la routine usurière, et entrons dans cette large voie de la réciprocité, où le crédit ne coûte rien, parce qu'il est donné par tous; où il se crée à volonté, parce que le gage est partout; où il ne dépend plus du bon plaisir de l'argent, parce que l'argent n'est que l'évaluateur des produits, et que, entre producteurs, il suffit, pour que le crédit s'exerce, de cette seule évaluation; il suffit, pour toute la France, d'une pièce de 5 fr... Et vous-mêmes, citoyens représentants, vous l'entendez de la même manière, ainsi que vous le prouverez bientôt en créant un papier hypothécaire.

On a eu le courage, au comité des finances, d'accuser l'impôt sur le revenu, dans la forme que je propose, d'être injuste, attendu qu'il ne frappe pas tous les propriétaires, notamment les propriétaires exploitants. Pour ceux-là, dit-on, la réciprocité n'existe pas.

Comme si j'avais eu la prétention d'établir un impôt universel! J'ai déclaré que l'impôt sur le revenu était une taxe spéciale, un crédit demandé au produit *net* en faveur du produit *brut*. Qu'en conséquence, il en était de cet impôt comme de presque tous les impôts, qui ne frappent jamais qu'une classe de citoyens. Le devoir du fisc est d'établir l'égalité des charges par la variété de l'impôt : jusqu'à ce que notre économie politique soit changée, il ne peut en être autrement.

Mais tout ce que je puis dire est peine perdue. Ma proposition attaque la propriété, elle viole le respect dû aux contrats, elle est immorale, elle est factieuse.

A cet égard, j'ai à vous dire encore, citoyens représentants, des choses bien graves (Mouvement d'attention), des choses qui intéressent au plus haut point l'ordre public, et que je vous prie de vouloir bien entendre, d'autant mieux que vous êtes résolus d'en finir. (Oh ! oh !)

La propriété ! toujours la propriété ! Au fond, le rapport du comité des finances se réduit à ceci : La propriété, c'est-à-dire le revenu net, la pension que le travailleur fait à l'oisif, est inviolable ; et ma proposition tend à la réduire.

Je pourrais, si je n'étais pressé par l'heure, vous démontrer que ma proposition, prise en elle-même et en dehors des considérations politiques qui me l'ont suggérée, loin de faire tort à la propriété, la consolide. (Oh ! oh !)

L'immeuble qui, la veille de la révolution, valait 100,000 fr., n'en vaut plus que 50,000 ; de plus, par la misère du temps, le revenu ne rentre pas. Il en est de même de la rente : de 120, elle est descendue à 75 ; elle baisse tous les jours, et il n'est pas sûr que dans trois mois l'État continue de payer. (Explosion de murmures.)

Que le propriétaire, que le rentier cède à la République en péril, pendant trois ans, un tiers de son revenu, et les affaires se rétablissant, la propriété dépréciée reprend son ancienne valeur ; la rente diminuée quant à l'intérêt, remonte au pair.

Mais je laisse ces considérations trop évidentes pour les hommes de bonne foi. Je ne veux pas revenir sur la question financière ; je passe à un autre ordre d'idées.

Citoyens représentants, ce que je vais vous dire vous paraîtra encore un paradoxe ; la propriété n'existe plus. (Nouveaux murmures).

Nous sommes d'accord, tacitement, de tolérer le *fait* (Exclamation), mais ce fait n'est qu'un provisoire dont vous êtes maîtres de fixer le terme ; constitutionnellement et en droit, la propriété, prenez-y garde, nous l'avons abolie.

LE CITOYEN DE PANAT. Monsieur le président, est-ce que vous êtes décidé à laisser durer cela jusqu'au bout ? c'est bien violent cependant !

LE CITOYEN PRÉSIDENT. La discussion et le vote en feront

justice; l'orateur a été lui-même attaqué, il a le droit de se défendre. Il le fait comme il le juge à propos.

Un membre. C'est une menace à la société!

LE CITOYEN PRÉSIDENT. Vous protesterez par le vote.

LE CITOYEN DE L'ESPINASSE. C'est un crime envers la société!

LE CITOYEN PROUDHON. Je reprends. En droit, la propriété, nous l'avons abolie.

LE CITOYEN GOUDCHAUX, *ministre des finances.* Nous ne pouvons entendre ces choses-là. (Vive agitation). Je demande la parole.

LE CITOYEN MINISTRE DES FINANCES. Je demande à M. Proudhon la permission de dire un mot.

LE CITOYEN PRÉSIDENT. Citoyen Proudhon, consentez-vous à céder la parole pour quelques mots?

LE CITOYEN PROUDHON. Je le veux bien.

LE CITOYEN GOUDCHAUX, *ministre des finances.* J'ai un seul mot à adresser à l'Assemblée.

Je la prie d'écouter l'orateur jusqu'à la fin. (Oui! oui!) Mais, en même temps, je la prie, quelle que soit l'heure, de ne pas quitter la salle sans qu'un vote définitif en ait fini avec cette proposition, et en ait fait justice. (Oui! oui! — A demain! à demain!)

LE CITOYEN MILLARD. Ce sont des extravagances, ce sont de véritables folies.

LE CITOYEN PRÉSIDENT. L'Assemblée décidera plus tard. La parole est à l'orateur; je l'invite à vouloir bien se presser. (Bruit.)

LE CITOYEN PROUDHON. La propriété a été abolie, le 25 février, par le décret du Gouvernement provisoire, qui garantissait le droit au travail, et promettait son organisation; elle a été abolie ensuite par le consentement du pays, qui a adhéré à la République et proclamé le caractère économique de la révolution; cette abolition a été confirmée par le projet de constitution qui, dans sa déclaration des droits, en même temps qu'il posait le droit au travail, mettait en question la propriété. (Vive interruption.)

La propriété mise en question! remarquez cela. (Bruit.) Ce n'est pas moi qui ai fait cela, c'est vous. (Silence! silence!)

Il y a quelques jours, dans les bureaux, nous discutions la propriété; dans quelques jours nous la discuterons à cette tribune; nous pouvons, si cela nous plaît, en maintenir l'abrogation : car tout ce qui est en question est abrogé. (Mouvement.) Je vous ai prouvé que cela est d'ailleurs aussi aisé à faire qu'à dire.

Je dis donc que ce qui est en question ne peut être invoqué comme principe et comme droit; que la propriété n'ayant pas en ce moment d'existence légale, on ne peut argumenter de sa violation; que ce n'est plus qu'une hypothèse qu'il est aussi permis de nier que d'affirmer; qu'au surplus son essence a été profondément modifiée par la reconnaissance du droit au travail, qui, dans le projet de constitution, sert de principe à la propriété et la rend légitime; qu'ainsi nous pouvons, vis-à-vis de la propriété, faire telle proposition, et prendre telle décision qu'il nous plaira, sans violer en rien ni le droit naturel, ni le droit écrit.

Le fait est accompli, et, malgré nos résistances, le principe révolutionnaire nous entraîne et nous domine.

On me dit que le droit au travail n'est pas voté : eh bien, il le sera, parce que vous ne pouvez pas faire autrement.

Un membre. Il ne peut plus l'être après votre discours.

Un autre membre. On ne le comprend pas comme vous.

LE CITOYEN PROUDHON. Que me parlez-vous donc de propriété et de contrats?

Des contrats dont le principe repose sur la propriété! Ils sont résiliés *ipso facto* et de plein droit. Si ces contrats continuent à produire, en faveur des anciens bénéficiaires, leurs conséquences, c'est uniquement l'effet du bon plaisir des fermiers et débiteurs; c'est l'effet aussi de l'inintelligence où nous sommes encore de cette révolution arrivée comme un coup de foudre, et qui n'a été précédée d'aucun manifeste.

LE CITOYEN DE LA ROCHEJAQUELEIN. On a donc le droit de voler alors? (Écoutez!)

LE CITOYEN GOUDCHAUX, *ministre des finances.* Vous allez contre votre proposition vous-même.

Plusieurs voix. Nous sommes donc tous des voleurs?

LE CITOYEN MINISTRE DES FINANCES. L'Assemblée veut se manifester à l'instant même, elle est fatiguée. Ces doctrines ne peuvent pas être tolérées plus longtemps.

De toutes parts. Parlez! parlez! continuez!

LE CITOYEN PRÉSIDENT. Je prie l'orateur de continuer.

J'invite l'Assemblée au silence; le silence est quelquefois la meilleure des protestations. (C'est vrai!)

Un membre. C'est de la démence!

LE CITOYEN PRÉSIDENT. Alors on ne proteste même pas.

LE CITOYEN PROUDHON. Je vous demande à tous une faveur personnelle... (Mouvement d'attention), je vous prie de lire demain matin mon discours dans le *Moniteur*. (Vives réclamations et rire prolongé)

LE CITOYEN PRÉSIDENT. Continuez; l'Assemblée veut vous entendre jusqu'au bout.

LE CITOYEN PROUDHON. Je disais donc que les contrats fondés sur la propriété me paraissent, de même que la propriété, résiliés par le fait de la révolution, des actes qui l'ont suivie et de toutes ses conséquences.

Ce n'est pas ma faute s'il en est ainsi, c'est la faute des événements et des gouvernants.

Un membre. C'est vrai!

LE CITOYEN PROUDHON. J'ajoute que si, aujourd'hui, ces mêmes contrats continuent à produire en faveur des anciens bénéficiaires leurs conséquences, c'est uniquement l'effet du bon plaisir des fermiers, des débiteurs. (Marques d'indignation.)

LE CITOYEN PRÉSIDENT. Quelle que soit la liberté et la liberté d'erreur qui puisse se produire à la tribune, il ne peut cependant pas être permis de dire que les débiteurs payent selon leur bon plaisir, et que la foi des contrats peut être livrée à l'arbitraire de chacun. Je vous rappelle à l'ordre. (Acclamation générale. — Très-bien ! très-bien !)

Un membre. Rappelez-le à la pudeur.

LE CITOYEN TASCHEREAU. Tout le discours donne lieu au rappel à l'ordre ; votre rappel à l'ordre maintenant semblerait une reconnaissance de ce qui a été dit précédemment.

LE CITOYEN PRÉSIDENT. L'Assemblée jugera tout le reste, mais ceci avait une telle conséquence que cela ne pouvait pas passer sans un rappel à l'ordre.

Voix nombreuses. Tout le discours ! tout le discours !

LE CITOYEN SENARD, *ministre de l'intérieur*. Il faut, au moins, qu'il soit bien entendu que le rappel à l'ordre n'a pas été limitatif, et qu'il s'adresse au discours tout entier. (Oui ! oui ! — Tout le discours !)

LE CITOYEN PRÉSIDENT. La protestation de l'Assemblée s'est assez manifestée pendant toute la lecture du discours. Mon rappel à l'ordre portait sur un point spécial et sur une doctrine qui est condamnée par la loi morale de toutes les nations. (Marques d'approbation.)

L'Assemblée n'a d'ailleurs cessé de protester contre toutes les doctrines de l'orateur.

Voix nombreuses. Finissons-en ! — Assez ! assez !

Autres voix. (Non ! non ! — Continuez ! continuez !)

LE CITOYEN PRÉSIDENT. Veuillez continuer, et lisez vite. J'invite l'Assemblée au silence.

LE CITOYEN PROUDHON. Faites donc attention à ce que je vous dis... (Exclamations diverses.)

Je ne proclame pas d'une manière absolue qu'il est permis de violer les contrats (Violente interruption), je vous dis qu'il s'est accompli des faits depuis cinq mois qui, dans la manière dont je vois les choses, équivalent à une radiation de la propriété, à une annulation des contrats. (Nouvelle interruption.)

LE CITOYEN COUVREUX. Vous avez raison, c'est vrai.

LE CITOYEN PROUDHON. Je fais une interprétation ; j'interprète les faits accomplis ; je ne fais pas de morale ici.

LE CITOYEN ALEM-ROUSSEAU. On le voit bien.

LE CITOYEN PROUDHON. Les contrats aujourd'hui n'ont plus d'autre principe que le principe de la révolution elle-même, c'est-à-dire de la mutualité des services et de la gratuité du crédit; que ceux qui viennent ici alléguer la foi des contrats commencent par anéantir la révolution s'ils peuvent, ou qu'ils se taisent!

LE CITOYEN ALEM-ROUSSEAU. La révolution n'a rien de commun avec vos doctrines.

(Le ministre des finances, ne pouvant maîtriser son indignation, quitte la salle.)

LE CITOYEN FLOCON. Je demande la parole.

Un membre. Vous voulez tuer la révolution!

LE CITOYEN LEFRANÇOIS. Vous tuez ce que vous voulez défendre, la République, la démocratie.

LE CITOYEN PROUDHON. Citoyens représentants, prenez donc garde, je vous prie, que je raisonne continuellement en conséquence....

LE CITOYEN LEFRANÇOIS. Vous raisonnez mal.

LE CITOYEN PROUDHON. Je raisonne en conséquence d'un principe accepté, en conséquence d'un fait accompli. (Interruption.)

LE CITOYEN PRÉSIDENT. Continuez, monsieur.

LE CITOYEN PROUDHON. Et voilà pourquoi je dis au propriétaire :

« Je ne veux, ni quant à présent vous exproprier, ni dans l'avenir vous déposséder. Mais, autres temps, autres lois; il s'agit pour le peuple du rachat de la dîme, de la liquidation de la propriété. » (Nouvelle interruption.)

LE CITOYEN PRÉSIDENT. Veuillez faire silence. Si vous voulez faire une interpellation après chaque phrase, vous n'en finirez pas, car il n'y a pas un mot qui ne puisse prêter à une interpellation.

LE CITOYEN PROUDHON. Voulez-vous que je finisse? (Oui! oui! —Non! non! —Parlez!)

LE CITOYEN PROUDHON. Vous qui vivez du travail d'autrui,

des produits de l'intelligence et de l'industrie d'autrui, voulez-vous, oui ou non, entrer en arbitrage ? Voulez-vous, pour votre part, contribuer à la Révolution, sauver votre fortune en abandonnant votre propriété, ou la perdre en voulant tout retenir ?

De l'accusation d'atteinte à la propriété, je passe à celle d'immoralité.

On a fait ce dilemme :

Violation de la propriété, ou prime à la délation : voilà tout le projet. Il n'y a pas de milieu : choisissez.

C'est dommage que le rapporteur, au moment même où il exprimait le grief, ait pris soin lui-même de le réfuter.

« On a espéré, je lis les termes du rapport, mettre pour soi les fermiers, les locataires, les débiteurs ; on a espéré mettre pour soi les cultivateurs, les patentables que l'impôt des 45 centimes écrase, et même les classes plus aisées, que l'impôt progressif sur les successions a profondément inquiétées. »

Ajoutez donc :

On a espéré mettre pour soi les industriels et les sociétés par actions, que les intérêts de la commandite épuisent ; les manufacturiers et les fabricants, qui voient périr leurs établissements, et à qui la garantie du débouché rendrait la vie. — On a espéré mettre pour soi les rentiers même de l'État, que la banqueroute menace d'engloutir, si l'on n'abandonne cette politique de réaction ; on a espéré mettre pour soi jusqu'aux capitalistes et aux propriétaires, dont les revenus ne sont plus servis, dont les créances sont toutes mauvaises, dont les propriétés sont toutes dépréciées de moitié et grevées d'hypothèques, et à qui l'impôt du tiers rendrait la fortune.

Certes, vous ne pensez pas que 36 millions de citoyens, que ma proposition, sous un titre ou sous un autre, intéresse directement, soient 36 millions de délateurs et de fripons. Eh bien ! faisons appel à leur suffrage : qu'on interroge la conscience publique, et nous verrons ce qu'elle répondra. (Exclamations ironiques.)

La délation! mais tout le monde y concourt, tout le monde l'appelle; personne ne s'en plaint; déjà les pétitions se signent à Paris et dans les départements pour qu'elle soit votée. Ce qui devait mettre tous les intérêts en conflit, les concilie. — Sanctionnez cette immoralité, citoyens législateurs, et le pays tout entier vous bénira!

Mais j'ai donné à ma proposition, dans un journal, une forme factieuse! j'ai écrit ces terribles mots, parlant à la garde nationale de Paris : *Portez cette pétition à l'Assemblée nationale, non comme une supplique, mais comme un ordre!*

Je regrette sincèrement, citoyens, ce que mes paroles présentent d'irrespectueux pour l'Assemblée nationale; mais permettez que je le dise, ceci importe à la sécurité de la République; le malheur des circonstances a voulu qu'en m'exprimant ainsi je fusse dans la vérité, dans le droit. (Allons donc!)

Considérez, citoyens représentants, l'état révolutionnaire dans lequel nous sommes. Que sommes-nous, avec notre mandat, je vous le demande? Un *fait*, et rien de plus. (Murmures d'impatience.)

En fait, nous passons pour les délégués du peuple et les dépositaires de sa souveraineté; à ce titre, nous exerçons le pouvoir dans sa plénitude, et nos décisions ont force de loi.

Mais en droit, en principe, nous ne sommes rien, parce que nous ne sommes constitués sur rien; parce que le suffrage universel lui-même qui nous a faits ce que nous sommes, est dépourvu de principe et de base...

Un membre. C'est intolérable!

LE CITOYEN PRÉSIDENT. Ce n'est pas plus intolérable que tout le reste. (Rires d'approbation.) — (*S'adressant à l'orateur.*) Allez, monsieur, allez!

LE CITOYEN PROUDHON. Parce que rien n'en établit la légitimité et l'authenticité ; parce qu'enfin toute notre autorité procède de la force, et toute réunion de citoyens ayant une force suffisante, peut revendiquer vis-à-vis de nous une autorité égale.

Je dis et j'affirme que le suffrage universel, que du reste je défends, n'est encore, au moment où je parle, qu'un fait, un accident révolutionnaire sans principe, sans autorité. La preuve, c'est que les produits de ce suffrage, en tout et pour tout, sont contradictoires, et qu'il n'est pas un de nous qui, en jugeant ses collègues, ne trouve que le suffrage universel s'est trompé en les choisissant. La preuve, c'est que les anciens adversaires du suffrage universel, élus eux-mêmes de ce suffrage, n'y sont pas pour cela convertis. La preuve, enfin, c'est que ceux qui le réclamaient avec le plus d'ardeur à présent n'y croient plus. (Dénégations.) Vous le disiez tous.

LE CITOYEN ALEM-ROUSSEAU. Ceux qui le disaient n'avaient pas plus de raison que vous.

LE CITOYEN PROUDHON. Pour que le suffrage universel fasse autorité, il lui faut un principe d'organisation, une formule d'expression, une raison d'être et de parler, enfin : hors de là, le suffrage universel n'est que le chaos, c'est l'anarchie.

Ce qui nous régit en ce moment, ce n'est point la loi ni le droit, c'est la force, ou, si vous aimez mieux, c'est la nécessité ; c'est, en d'autres termes, la Providence. (Marques d'indignation.)

Dans tout ce qui s'est accompli depuis cinq mois, il n'y a rien d'humain, rien de constitutionnel, rien de légal ; il n'y a que des manifestations de la Providence, des actes de la force.

Un membre. Vous n'y croyez pas.

LE CITOYEN PROUDHON. Qu'en savez-vous, si je n'y crois pas?

Un membre. Vous l'avez écrit.

LE CITOYEN PROUDHON. La révolution de Février a été un fait ;

Le 17 mars, un fait;
Le 16 avril, un fait;
Le 15 mai, un fait;
Le suffrage universel, un fait;
Les ateliers nationaux, un fait;
L'insurrection de juin, un autre fait.

LE CITOYEN DUPIN (DE LA NIÈVRE). Un crime!

LE CITOYEN PROUDHON. Tous ces faits se lient entre eux, se légitiment dans l'histoire (Allons donc!), et au point de vue de la Providence.

Tout cela, au point de vue du droit, de la légalité, est incohérent, contradictoire, sans principe : il ne s'y trouve que de la force.

Nous pouvons aujourd'hui, si cela nous plaît, restreindre le suffrage universel, faire une constitution monarchique, aristocratique ou démocratique; garantir le droit au travail ou l'éliminer; établir deux chambres, un président, etc., etc. Aucun principe avoué ou tacite, religieux ou politique (Réclamations. — Écoutez! écoutez!) ne nous guide, pas même la propriété. Que nous reste-t-il donc, en attendant la constitution que nous allons faire, que nous reste-t-il pour asseoir notre autorité? Je le répète, la force.

Tout, dans le monde, commence par cette chose que j'appelle à la fois divine et humaine, la force; et nous sommes à ce moment à l'origine de nous-mêmes, nous en sommes au droit de la force.

Partout où se trouve la force, et jusqu'à ce qu'un principe, une constitution authentique, la vienne régler, là se trouve l'autorité, la légitimité.

Je conçois que l'habitude du gouvernement et l'illusion parlementaire fassent croire à quelques-uns que vous seuls, citoyens représentants, soyez l'autorité légitime. Mais, pour qui considère avant tout les principes, je maintiens que votre autorité ne vaut qu'autant qu'elle n'est pas contestée et que vous êtes les plus forts. (C'est abominable!)

Voulez-vous faire silence un instant, il me semble que

vous devez être pressés d'en finir. (Oui! — Allez! allez!)

Je continue.

Certes, je ne voudrais pas que l'exemple que j'ai donné fût suivi, et c'est parce que je ne le veux pas que j'ai dû, citoyens, en expliquant ma conduite, vous mettre sur vos gardes. Hâtez-vous de produire votre droit public; mais ne parlez point ici de factieux; les factieux sont ceux qui, n'ayant d'autre droit que la force, refusent de le reconnaître chez les autres. Les factieux sont ceux qui abusent, pour leurs vengeances, de cette force qui leur a été confiée pour le salut de tous.

Je finis.

Citoyens représentants, ma proposition est condamnée d'avance; elle ne prévaudra pas sur les tristes sophismes du comité des finances.

Un membre. De la chambre entière.

LE CITOYEN PROUDHON. Il y a pour cela deux raisons capitales : l'une est son origine; cette proposition vient de moi, de celui qui a défini la propriété (Exclamations et rires); l'autre est son but, le droit au travail, l'émancipation du prolétariat. Ma proposition tendrait à faire vivre l'ouvrier en travaillant; les malthusiens ont décidé qu'il périrait en combattant.

Et pourtant, citoyens, vous êtes dans une situation telle, que vous ne pouvez échapper à la mort que par ma proposition. (Bruyante hilarité.)

LE CITOYEN TASCHEREAU. A Charenton!

LE CITOYEN PROUDHON. Il s'agit, vous le savez aussi bien que moi, du crédit, de la circulation, du travail, de ce retour à la confiance, dont vous parlent sans cesse des économistes impuissants.

Eh bien, la confiance ne renaîtra pas; il est impossible qu'elle renaisse jamais; je vais vous dire pourquoi. (Bruit.) Ne m'interrompez pas.

LE CITOYEN PRÉSIDENT. Ne vous interrompez pas vous-même; c'est bien assez des interruptions que vous provoquez.

LE CITOYEN PROUDHON. Monsieur le président, vous devez être impartial.

De toutes parts. Continuez! continuez!

LE CITOYEN PROUDHON. Le crédit, dans le système des idées qui vous dominent, c'est la confiance, c'est-à-dire la sécurité du capitaliste. Or je dis que, par la révolution de Février, cette sécurité est perdue et sans retour.

Plusieurs voix. C'est vrai; ce sont vos doctrines qui ont fait tout le mal.

LE CITOYEN PROUDHON. Il y a vingt ans que ces doctrines sont faites.

En vain vous dites au capital : Viens, viens, nous voulons faire une république honnête; nous te payerons de gros intérêts; nous te protégerons contre les entreprises des travailleurs, contre la critique de ces socialistes.

Le capital ne vous écoute pas; il fuit, il se cache, à ces mots de *travailleurs et de socialistes* (C'est très-vrai!); il s'épouvante de plus en plus.

Le capital sait ce qu'est la révolution de Février : il ne se risquera point, sous une politique obligée chaque jour de faire acte de bienveillance pour les idées nouvelles, pour les droits du travailleur. Le capital ne viendra pas s'asseoir sous cette épée de Damoclès.

Le capital, vous dis-je, ne consentirait à reparaître que pour exploiter; et nous l'attendons pour liquider.

Et cette situation contradictoire, vous ne la ferez pas cesser, même quand vous vous accorderiez tous pour opérer une contre-révolution.

Le 24 février a posé le droit au travail; le gouvernement provisoire, par ses actes, l'a confirmé; le projet de constitution l'a maintenu : il est gravé dans toutes les cervelles. En vain vous l'effaceriez de la future charte : vous n'auriez fait qu'y laisser un blanc dans lequel serait sous-entendu, à côté du droit au travail, le droit à l'insurrection. (Bruyantes dénégations. — A l'ordre! à l'ordre!)

Un membre. Il y a un mois que vous auriez dû dire cela.

Voix diverses. Il fallait faire le coup de fusil le 23 juin.— Il fallait avoir du courage. — Où étiez-vous donc dans les journées de juin? — Vous êtes le Marat de cette doctrine.— C'est vous qui avez allumé l'incendie. — Il fallait aller aux barricades.

LE CITOYEN SENARD, *ministre de l'intérieur.* Il est trop lâche, il n'ira pas. Ces gens-là appellent derrière les barricades, mais ils n'y vont pas.

LE CITOYEN PROUDHON. Tout conspire aujourd'hui, tout a conspiré depuis vingt ans. Messieurs, je rapporte des faits, je n'y mets rien du mien. (Vive interruption).

LE CITOYEN SENARD, *ministre de l'intérieur.* On le croit bien! (Agitation bruyante.)

LE CITOYEN LANDRIN. Laissez finir par respect pour la tribune.

LE CITOYEN PROUDHON. Tout conspire aujourd'hui, tout a conspiré depuis vingt ans, pour rendre la cessation du crédit irrévocable : c'est une mort sans résurrection.

LE CITOYEN DE L'ESPINASSE. C'est révoltant! Faites respecter les droits de l'assemblée, monsieur le président; on ne doit pas nous laisser insulter.

LE CITOYEN PROUDHON. Tout a conspiré dans ce but. Les idées sociales : elles ont révolutionné les esprits par des millions de livres, de journaux, de brochures. par des associations, des discussions, des devises, des symboles, des formules sans nombre.

Or c'est une loi de l'esprit humain, une loi fatale, que toute idée, bonne ou mauvaise, une fois formulée, se réalise. Pour empêcher le droit au travail de se réaliser, il vous faudrait brûler ces livres, détruire ces symboles, extirper du langage ces formules, exterminer socialistes, travailleurs, et jusqu'aux propriétaires, dont la mémoire conserve en dépôt cette idée qu'ils abhorrent.

La complicité des économistes : tous, en défendant la propriété, conviennent pourtant qu'il y a à faire *quelque chose.* Ce quelque chose, l'œuvre de notre siècle, suivant eux, ils l'appellent *accord du travail et du capital, participation de l'ouvrier aux bénéfices, association.*

Analysez ces définitions vagues et timides, et vous y trouverez la même chose que dans le socialisme ; la garantie du travail, l'abolition de la propriété.

LE CITOYEN GIRARDON. Mandrin n'en a pas dit davantage !

LE CITOYEN PROUDHON. Encore une fois, citoyens, ne voyez donc pas en moi un homme qui expose, mais bien un homme qui tire des conséquences, je ne fais que cela.

L'indifférence politique et religieuse. On l'a dit mille fois : avec l'estime du prince, s'est affaiblie l'autorité de la religion. Les cœurs ne sont plus touchés que d'un seul amour, celui du bien-être. L'Académie des sciences morales elle-même l'a dit. Les classes travailleuses n'ont fait que suivre en cela l'exemple de la classe bourgeoise ; le peuple vous dit : Je ne veux plus être pauvre, et je ne le serai pas.

Tout ce que nous faisons ici pour ramener la confiance ne fait qu'augmenter la méfiance.

Nous avons ordonné l'état de siége : or, à moins d'un changement dans notre politique, l'état de siége est à perpétuité.

Vous venez de supprimer les clubs, vous placez les réunions les plus innocentes sous la surveillance de la haute police : c'est l'état de siége.

Vous enchaînez la presse : c'est l'état de siége.

Vous ordonnez le désarmement des ouvriers : c'est l'état de siége.

Sans la garantie du travail qu'on vous demande, vous ne pouvez ni tolérer les clubs, ni vivre avec la presse, ni rendre les fusils aux travailleurs devenus suspects.

Croyez-vous donc que le capital aille se risquer sur l'hypothèque des baïonnettes bourgeoises ? Beau sujet de confiance vraiment !

Le capital a peur, et son instinct ne le trompe pas : le socialisme a les yeux sur lui.

Les juifs ne reviendront pas : je le leur défends. (Agitation bruyante et prolongée.)

LE CITOYEN SENARD, *ministre de l'intérieur.* Je demande la parole pour déposer un projet de décret.

Voix nombreuses. La question préalable! la question préalable.

LE CITOYEN PRÉSIDENT. La parole est à M. le ministre de l'intérieur.

Voix nombreuses. Non! non!—C'est inutile!—Aux voix!

(Le citoyen Antony Thouret, qui siége au fond de la salle, se lève et prononce au milieu du bruit quelques paroles que nous n'entendons pas.)

LE CITOYEN PRÉSIDENT. Monsieur Antony Thouret, voilà deux fois que vous interrompez, je vous rappelle nominativement à l'ordre.

LE CITOYEN ANTONY THOURET, *de sa place.* Je demande à m'expliquer sur le rappel à l'ordre. (Agitation.)

Je dis qu'un ordre du jour motivé est le seul moyen... (Le bruit couvre la voix du citoyen Antony Thouret.)

LE CITOYEN PRÉSIDENT. Monsieur Antony Thouret, vous n'avez pas la parole; vous avez eu tort de la prendre. Un ministre a toujours la parole quand il la demande.

M. le ministre de l'intérieur a la parole pour une communication du Gouvernement.

LE CITOYEN SENARD, *ministre de l'intérieur.* Citoyens représentants, ne croyez pas que j'aie demandé la parole pour répondre à ce que vous venez d'entendre, ni même pour exprimer, au nom du Gouvernement, les sentiments d'indignation... (Vive approbation) dont nous sommes tous pénétrés. (Oui! — Tous!)

L'orateur qui tout à l'heure était à cette tribune niait le droit, et disait que la France ne connaît aujourd'hui que le règne de la force. Vous lui avez fait la plus magnifique de toutes les réponses, en respectant l'inviolabilité de la tribune, le droit sacré de la tribune, au moment même où il l'occupait. (Très-bien! très-bien!)

Il a fait plus, il a fait un appel à ceux qui souffrent; il a essayé de diviser la nation en deux classes; et il vous a dit: « Je dis : *nous*, en parlant du prolétariat. Je dis : *vous*, en vous identifiant avec la bourgeoisie. » (Mouvement.)

Écoutez, messieurs; le Gouvernement n'avait pas prévu que cette tribune serait attristée aujourd'hui...

Un membre. Souillée!

De toutes parts. Oui! oui! souillée!

LE CITOYEN MINISTRE DE L'INTÉRIEUR. Messieurs, c'est à dessein que j'avais employé un mot plus modéré. Plus la pensée est énergique et forte, plus il faut tâcher d'apporter de retenue dans son expression. (Approbation.)

Laissez-moi donc vous dire que le gouvernement n'avait pas pensé que cette tribune serait attristée aujourd'hui par l'apologie du crime sous toutes les formes (Bravos); par l'insulte à tout ce qu'il y a de plus sacré, par l'outrage à la France, à l'Assemblée nationale elle-même (C'est vrai); enfin, par l'excitation à la révolte, à toutes les mauvaises passions, et ce qui est pis que cela, par l'appel fait à toutes les misères, à toutes les souffrances. (Longue approbation.) Mais le gouvernement, sans s'inquiéter de savoir si le socialisme a les yeux sur lui (Mouvement), s'occupait de soulager ceux qui souffrent, et comme il avait vu s'épuiser le crédit de trois millions que vous aviez voté pour venir au secours des indigents, j'avais apporté par son ordre un projet de décret, pour obtenir un nouveau crédit, et j'attendais avec impatience la fin de tout ce que vous venez d'entendre pour le déposer sur cette barre. (Rumeurs diverses).

Plusieurs membres. Vous avez tort! ce n'est pas le moment.

D'autres membres. Si! si!

LE CITOYEN MINISTRE DE L'INTÉRIEUR. Messieurs, il m'a paru que, lorsque le gouvernement a résolu de déposer aujourd'hui un projet de décret, un discours comme celui que vous venez d'entendre ne peut exercer aucune influence sur nos résolutions. (Interruption).

Plusieurs membres. Déposez ! déposez !

LE CITOYEN MINISTRE DE L'INTÉRIEUR. J'insiste, messieurs, et quand, à côté de moi, j'entends exprimer le regret que ce décret soit déposé aujourd'hui...

Plusieurs membres. Oui ! oui ! Vous avez tort.

LE CITOYEN MINISTRE. Je répète qu'il est de la dignité du gouvernement de ne pas admettre que des paroles puissent plus retarder qu'elles ne pourraient hâter les résolutions auxquelles il s'est arrêté.

Voix nombreuses. Très-bien !

LE CITOYEN MINISTRE. Je dépose donc le projet de décret dont voici l'article unique :

« Il est ouvert au ministre de l'intérieur, sur l'exercice 1848, un crédit de 2 millions pour secours extraordinaire aux citoyens du département de la Seine qui se trouvent dans le besoin. »

(Le citoyen ministre dépose sur le bureau du président le projet de décret et l'exposé des motifs. — Nous en rétablirons le texte).

LE CITOYEN PRÉSIDENT. L'Assemblée donne acte au citoyen ministre de l'intérieur de la présentation du projet de décret, et ordonne l'impression et la distribution, et le renvoi au comité des finances.

Un grand nombre d'ordres du jour motivés sur la proposition du citoyen Proudhon ont été déposés. On a demandé aussi la question préalable.

Plusieurs membres. Oui ! oui ! — La question préalable ! la question préalable !

LE CITOYEN BOURZAT. On ne réfute pas le crime. La question préalable !

LE CITOYEN DE LAROCHEJAQUELEN. Je demande la parole.

Plusieurs membres. Pas de discussion ! — Aux voix !

LE CITOYEN PRÉSIDENT. Au nombre des propositions qui m'ont été remises, il en est une qui est en dehors des usages de l'Assemblée. Je dois en donner lecture à l'Assemblée, afin qu'elle décide ce qu'elle jugera à propos.

La voici :

« Attendu que le discours du citoyen Proudhon n'est qu'une longue atteinte à tous les droits de la société, à ceux de l'Assemblée nationale et du peuple même, dont il nie le pouvoir et l'autorité :

» Attendu que ce discours n'est qu'un appel à l'insurrection ;

» L'Assemblée passe à l'ordre du jour ; prescrit que ce discours ne sera pas inséré au *Moniteur.* » (Interruption. —Non !, non ! —Pas de suppression !)

LE CITOYEN DUPIN (DE LA NIÈVRE). On ne peut empêcher l'insertion au *Moniteur.* Ce serait de la censure et une atteinte à la liberté de la presse. On doit flétrir la proposition, mais on ne peut pas l'empêcher de se produire. (Agitation.)

LE CITOYEN PRÉSIDENT. Laissez-moi donc achever, messieurs!

« Prescrit que ce discours ne sera pas inséré au *Moniteur*, et que les autres feuilles publiques qui le reproduiront pourront être poursuivies conformément aux lois. »

De toutes parts. Non ! non ! c'est de la censure ! — La question préalable.

LE CITOYEN PRÉSIDENT. Le citoyen de la Rochejaquelein a la parole.

Voix nombreuses. Non ! non ! La question préalable !

LE CITOYEN DE LA ROCHEJAQUELIEN. Je demande à dire. . (Aux voix ! —La question préalable !)

LE CITOYEN BOURZAT. Pas de discussion ! le discours que l'on a entendu est trop profondément immoral ! La question préalable !

LE CITOYEN PASCAL DUPRAT. Monsieur le président, donnez lecture des divers ordres du jour qui ont été proposés. (La question préalable !)

LE CITOYEN DE LA ROCHEJAQUELEIN. Messieurs, il me semble impossible... (Aux voix ! aux voix !)

LE CITOYEN OSCAR LAFAYETTE. Je demande la parole pour un rappel au règlement.

LE CITOYEN DE LA ROCHEJAQUELEIN. Je demande la parole contre la question préalable. (Bruit.)

LE CITOYEN PRÉSIDENT. La parole est au citoyen de la Rochejaquelein contre la question préalable. (Non ! non !)— Aux voix ! —La question préalable ! — Pas de discours !)

Je dois faire observer à l'Assemblée que la question préalable a toujours la priorité. Ceux qui voudront voter l'ordre du jour motivé voteront contre la question préalable. (Oui ! oui !)

LE CITOYEN TASCHEREAU. Jamais on n'a discuté la question préalable. Elle doit toujours être mise aux voix sans discussion. (Bruit.)

LE CITOYEN DE LA ROCHEJAQUELEIN. On ne doit pas voter la question préalable sans permettre à un orateur de dire quelques mots d'indignation.

Une voix. Vous ne pouvez pas avoir le privilége de l'indignation.

LE CITOYEN BOURZAT. L'indignation est dans tous nos cœurs; l'indignation n'a pas besoin de se produire par la discussion. (Oui ! oui ! — Le bruit va en croissant.)

LE CITOYEN PRÉSIDENT. Si l'Assemblée vide la question par la question préalable, cela veut dire qu'elle déclare qu'il n'y a pas même lieu de s'occuper de la proposition du citoyen Proudhon.

LE CITOYEN DUPIN. Je demande la parole sur la position de la question.

Plusieurs voix. Parlez ! parlez !

D'autres voix. Non ! non !

(Le tumulte commence à se faire.)

(Les citoyens Dupin et de la Rochejaquelein montent ensemble à la tribune.)

LE CITOYEN DE LA ROCHEJAQUELEIN. Si vous voulez parler sur la question, je réclame mon tour de parole.

De toutes parts. Parlez, monsieur Dupin !

Un membre. Monsieur le président, veuillez consulter l'Assemblée si la parole sera donnée à M. Dupin.

LE CITOYEN DE LA ROCHEJAQUELEIN. Mais je l'avais demandée avant lui. (Aux voix! aux voix!)

LE CITOYEN PRÉSIDENT. Le citoyen Dupin a la parole sur la position de la question. (Aux voix! aux voix!)

LE CITOYEN DUPIN. La première condition pour aller aux voix est de s'entendre sur la position de la question, c'est de savoir sur quoi on va aux voix; or on a proposé un ordre du jour motivé, et une proposition de la question préalable s'est élevée...

LE CITOYEN DE LA ROCHEJAQUELEIN. C'est précisément sur cela que je voulais parler. (Laissez parler! — Silence!)

LE CITOYEN DUPIN. Je n'ai demandé la parole que parce que j'ai entendu dire que la question préalable signifierait ceci : qu'il n'y avait pas même à délibérer sur la proposition de M. Proudhon; c'était transporter sur la proposition de M. Proudhon une question qui ne s'élèverait que sur la proposition de l'ordre du jour. (Non! non!) Mais si! permettez! Si la question préalable est adoptée, dans mon opinion, elle ne doit pas être adoptée simplement. Il y a un motif particulier que je tiens à voir exprimer dans l'intérêt même de l'Assemblée : c'est que non-seulement il y a lieu de passer à l'ordre du jour; mais la défense d'insérer au *Moniteur* et la défense de publier seraient de la censure. (Le bruit et l'agitation continuent.)

LE CITOYEN DE LA ROCHEJAQUELEIN. Citoyens, il y a précisément confusion dans l'appréciation du vote, vous allez le voir tout de suite.

Plusieurs personnes ont cru, et je suis de ce nombre, que lorsqu'on a demandé la question préalable, c'était sur le discours du citoyen Proudhon. (Oui! oui!) Eh bien, d'autres personnes croient qu'on a demandé la question préalable seulement sur la deuxième partie de l'ordre du jour motivé que M. le président a lu tout à l'heure. Vous voyez donc bien qu'on ne comprenait pas. (Aux voix! aux voix!)

Je réclamerai la parole s'il est question de l'ordre du jour motivé, car je ne veux pas qu'il soit voté par l'Assemblée qu'on peut interdire la publicité de paroles qui ont été prononcées à cette tribune.

LE CITOYEN DUPIN. Je n'ai rien à objecter à la question préalable ou à l'ordre du jour avec les motifs qu'on devra y attacher, pour exprimer l'improbation de l'Assemblée ; mais contre une proposition attentatoire à l'ordre social, et qui est la négation absolue de tous les droits, je tiens à ce que ces motifs soient exprimés en tête de la décision, ou comme question préalable, ou comme ordre du jour motivé ; mais on y joignait pour la non-insertion au *Moniteur* deux clauses que je crois qu'il est de l'intérêt de l'Assemblée de rejeter. (Oui ! oui !)

Plusieurs voix. Vous avez raison.

Une voix. Cette proposition est retirée.

LE CITOYEN DUPIN. Je n'ai dès lors rien à ajouter.

LE CITOYEN DUCLERC. (Aux voix ! aux voix ! — Parlez ! parlez !)

LE CITOYEN DUCLERC. Messieurs, il y a dans ce moment-ci deux propositions qui peuvent être votées : la question préalable et l'ordre du jour motivé.

La question préalable ne qualifie pas le discours que vous avez entendu, et l'ordre du jour motivé qualifie ce discours.

Je demande en conséquence, pour que l'Assemblée puisse voter en pleine connaissance de cause, que M. le président veuille bien donner lecture à l'Assemblée de tous les ordres du jour motivés. (Appuyé ! — C'est cela !)

Une voix. La question préalable a la priorité.

LE CITOYEN PRÉSIDENT. Le rapporteur du comité des finances a la parole.

LE CITOYEN THIERS, *rapporteur du comité des finances*. Citoyens représentants, je pense en effet qu'un ordre du jour motivé répondrait mieux à l'indignation de l'Assemblée que la question préalable. (Bruit.)

Je crois que personne ici, dans cette Assemblée, ne blâme l'expression d'indignation que j'ai employée.

De toutes parts. Non ! non !

LE CITOYEN THIERS. Si je monte à la tribune en ce moment, c'est pour qu'il soit bien constaté que le rapporteur du comité des finances, prêt à remplir son devoir, n'a renoncé à la parole que parce que l'Assemblée a jugé qu'il n'y avait qu'un ordre du jour motivé qui pût répondre à ses sentiments. (Très-bien ! très-bien !)

LE CITOYEN PRÉSIDENT. On a demandé la lecture des différents ordres du jour motivés; mais la question préalable ayant la priorité, l'Assemblée va d'abord décider si elle adopte la question préalable.

Voix nombreuses. Lisez d'abord les ordres du jour motivés.

LE CITOYEN MINISTRE DE L'INTÉRIEUR. Il faut choisir.

LE CITOYEN PRÉSIDENT. Je vais donner lecture des divers ordres du jour motivés.

(*Propositions d'ordres du jour motivés.*)

« Considérant que la proposition présentée par le citoyen Proudhon est attentatoire au droit de propriété sur lequel repose l'état social, qu'elle est contraire à la liberté des transactions, à la loi des contrats et à la morale publique, l'Assemblée nationale passe à l'ordre du jour. »

Je dois vous prévenir qu'il n'y a pas moins de quinze ordres du jour motivés.

De toutes parts. Lisez-les, et faites connaître les noms de leurs auteurs.

LE CITOYEN PRÉSIDENT. Je vais vous les lire successivement.

Voix diverses. Et les noms de leurs auteurs !

LE CITOYEN PRÉSIDENT. Commencez d'abord par vous taire, sans cela il est impossible d'arriver. Vous demandez les noms et vous interrompez au moment où on va les lire. Voilà les noms :

Crémieux, Rousseau, Victor Grandin, Lanjuinais, Vavin,

Callet, Sainte-Beuve, Langlais, Baroche, Chevallon (Assez! assez!), etc.

Voici l'ordre du jour signé par les citoyens Leblond, Langlois, Landrin, Peupin et Bérard :

« L'Assemblée nationale, considérant que la proposition du citoyen Proudhon est une atteinte odieuse aux principes de la morale publique; qu'elle viole la propriété; qu'elle encourage la délation; qu'elle fait appel aux plus mauvaises passions, passe à l'ordre du jour. » (Très-bien!)

Voici la proposition du citoyen Garnier-Pagès :

« L'Assemblée nationale, considérant que les doctrines proclamées à la tribune par le citoyen Proudhon sont attentatoires : 1° à la morale; 2° à la propriété : 3° à la famille; 4° à l'ordre; 5° à la liberté, à l'égalité, à la fraternité; 6° au travail; 7° à la République, passe à l'ordre du jour. » (Rires.)

Proposition des citoyens Gouttai et Landrin :

« L'Assemblée nationale, considérant que le projet de décret présenté par le citoyen Proudhon contient une atteinte directe au principe sacré de la propriété; qu'il viole la foi due aux contrats; que les droits qu'il méconnaît sont placés sous la sauvegarde de la République, déclare ne pas prendre ce projet en considération, et passe à l'ordre du jour. » (C'est trop mou!)

Le citoyen Antony Thouret propose :

« L'Assemblée nationale, attendu que la proposition du citoyen Proudhon, telle qu'il l'a développée à la tribune depuis trois heures, est une véritable atteinte portée à l'honneur social par la résiliation des contrats, et à la sûreté de l'État par l'excitation à la révolte..... » (Assez! assez!)

Le citoyen Creton propose : « L'Assemblée, profondément affligée que des doctrines subversives de l'ordre sociale et dignes de toute la sévérité des lois, au sein de la représentation nationale, approuve le rapport du comité des finances et passe à l'ordre du jour. »

Le citoyen Charamaule propose : « Considérant que la proposition du citoyen Proudhon et les théories par lui développées à la tribune, sont attentatoires à toute morale et au principe de la révolution de Février... (Interruption), l'Assemblée passe à l'ordre. » (Non! non! — Le n° 2, le n° 2.) Il y en a d'autres que je ne puis pas lire.

LE CITOYEN CHARLES DUPIN. La priorité pour l'ordre du jour motivé, proposé par le citoyen Peupin, Bérard et autres. (Appuyé!)

LE CITOYEN PRÉSIDENT. Un grand nombre de membres de l'Assemblée demandent la priorité pour le second ordre du jour dont j'ai donné lecture. (Oui! oui!)

Le citoyen Senard, ministre de l'intérieur, a proposé l'addition suivante à cet ordre du jour : « L'Assemblée nationale, considérant, en outre, que l'orateur a calomnié la révolution de Février, en prétendant la rendre complice des théories qu'il a développées. » (Appuyé! appuyé!)

Je vais lire cet ordre du jour tout entier et le mettre aux voix. (Oui! oui!)

Je consulte d'abord l'Assemblée sur la priorité à accorder à cet amendement.

(L'Assemblée, consultée, accorde la priorité à l'ordre du jour portant le n° 2 et formulé par les citoyens Peupin, Landrin et Bérard, et amendé par le citoyen ministre de l'intérieur.)

LE CITOYEN PRÉSIDENT. Je vais donner lecture de l'ordre du jour motivé tout entier.

Voix à gauche. La question préalable!

LE CITOYEN PRÉSIDENT. Monsieur, par le fait seul que l'Assemblée a décidé qu'elle donnait la priorité à l'ordre du jour motivé, la question préalable se trouve écartée.

Je vais lire l'ordre du jour motivé.

« L'Assemblée nationale,

« Considérant que la proposition du citoyen Proudhon est une atteinte odieuse aux principes de la morale publique ;

qu'elle viole la propriété; qu'elle encourage la délation; qu'elle fait appel aux plus mauvaises passions;

» Considérant en outre que l'orateur a calomnié la révolution de Février 1848, en prétendant la rendre complice des théories qu'il a développées,

» Passe à l'ordre du jour. »

Un grand nombre de voix. Le scrutin de division! — L'insertion au *Moniteur!* — L'insertion des absents!

LE CITOYEN PRÉSIDENT. Le scrutin de division est demandé par plus de cent membres; j'engage MM. les représentants à garder leurs places.

Plusieurs voix. L'insertion des noms au *Moniteur.*

LE CITOYEN LANDRIN. Oui, on mettra au *Moniteur* les noms des votants et des absents.

(La plus vive agitation règne dans l'Assemblée.)

LE CITOYEN PRÉSIDENT (s'adressant au citoyen de Montalembert, qui s'entretient avec un autre représentant derrière le banc des ministres à droite). Je prie M. de Montalembert d'aller s'asseoir à sa place.

LE CITOYEN PEUPIN. Monsieur de Montalembert, vous contribuez au trouble.

(M. de Montalembert sort de la salle.)

LE CITOYEN PRÉSIDENT. On demande le scrutin de division, l'insertion des noms au *Moniteur*, et l'insertion des noms des absents. (Oui! oui!) Vous allez voter sur l'ordre du jour motivé... (Interruption.)

C'est intolérable. Vous allez voter sur l'ordre du jour motivé; par conséquent, ceux qui voudront adopter l'ordre du jour mettront dans l'urne un billet blanc; ceux qui voudront voter contre mettront un billet bleu. C'est bien entendu. Veuillez procéder au scrutin.

(Les huissiers se répandent dans la salle avec les urnes pour recueillir les votes.

(Un grand nombre de représentants se retirent aussitôt qu'ils ont voté.)

LE CITOYEN PRÉSIDENT. Voici le résultat du scrutin :

Nombre des votants. 693
Majorité. 347
Pour l'ordre du jour motivé. 691
Contre. 2

L'Assemblée nationale a adopté l'ordre du jour motivé.

La séance est levée à sept heures un quart.

IMPRIMÉ PAR E. THUNOT ET Cie., SUCCESSEURS DE FAIN ET THUNOT,
28, Rue Racine, près de l'Odéon.

www.ingramcontent.com/pod-product-compliance
Ingram Content Group UK Ltd.
Pitfield, Milton Keynes, MK11 3LW, UK
UKHW021056270726
13967UKWH00012B/1968

9 782013 032018